L' ESCLUSA.

LUIGI PIRANDELLO

L'ESCLUSA

ROMANZO

MILANO
FRATELLI TREVES, EDITORI

Nono migliaio.

Milano, Tip. Treves - 1919.

A

LUIGI CAPUANA.

Illustre Amico,

Lei conosce le vicende di questo mio romanzo, e sa che con esso per la prima volta (ora son circa quattordici anni) io mi provai nell'arte narrativa, e che esso era — nella sua prima forma — dedicato a Lei.

Ma "chi di stampar opere lavora", come il Berni direbbe, pretende spesso che nasca la gallina prima dell'uovo, che uno scrittore cioè abbia fama prima di mandare a stampa il libro che gliela dovrebbe dare. E per lungo tempo la mia Esclusa *si vide costretta a rimaner tale e dalle case editrici e dal pubblico. Finchè non apparve su* La Tribuna *di Roma: primo romanzo italiano nelle appendici di questo giornale.*

Non so rendermi conto dell'effetto che abbia potuto fare nei pazienti e viziati lettori delle appendici giornalistiche; certo, scene drammatiche non difettano in questo romanzo, quantunque il dramma si svolga più nell'intimo dei personaggi; ma dubito forte che, in una lettura forzatamente saltuaria, si sia potuto avvertire alla parte più originale del lavoro: parte scrupolosamente nascosta sotto la rappresentazione affatto oggettiva dei casi e delle persone; al fondo insomma essenzialmente umoristico del romanzo.

Qui ogni volontà è esclusa, pur essendo lasciata ai personaggi la piena illusione ch'essi agiscano volontariamente; mentre una legge odiosa li guida o li trascina, occulta e inesorabile; e fa sì che un'innocente, scacciata dalla società — per esservi riammessa — debba prima passare sotto le forche dell'infamia, commettere cioè davvero quella colpa di cui ingiustamente era stata accusata.

Nulla di combinato, tuttavia, o di congegnato avanti o di adattato a questo fine segreto. E qui han luogo infatti i tanti ostacoli improvvisi, gravi o lievi, che nella realtà contrariano e limitano e deformano i caratteri degli individui e la vita. La natura senz'ordine almeno apparente, irta di contraddizioni, è lontanissima, spesso, dalle opere d'arte, in cui tutti gli elementi, visibilmente, si tengono a vicenda e a vicenda cooperano, e che perciò mostrano una vita troppo concentrata da un canto, troppo semplificata dall'altro. Nella realtà vera le azioni che mettono in rilievo un carattere non si stagliano forse su un fondo di vicende ordinarie, di particolari comuni? E queste vicende ordinarie, questi particolari comuni, la materialità della vita, insomma, così varia e complessa, non contraddicono poi aspramente tutte quelle semplificazioni ideali e artificiose? non costringono ad azioni, non ispirano pensieri e sentimenti contrarii a tutta quella logica armoniosa dei fatti e dei caratteri concepiti dagli scrittori? E quante occasioni imprevedute, imprevedibili, occorrono nella vita, ganci improvvisi che arraffano le anime in un momento fugace, di grettezza o di generosità, in un momento nobile o vergognoso, e le tengon poi sospese o su l'altare o alla gogna per l'intera esistenza, come se questa fosse tutta assommata in quel momento solo, d'ebbrezza passeggera o d'incosciente abbandono?

Voglio con questo scusare le umili e minute rappresentazioni, che occorrono frequenti nel mio romanzo.

Io l'ho, illustre amico, riveduto amorosamente da cima a fondo e in gran parte rifuso; e nel presentarlo al pubblico, per la prima volta raccolto in volume, voglio che sia ancora dedicato a Lei.

Suo L. Pirandello.

Roma, decembre 1907.

PARTE PRIMA.

I.

Sotto la cappa del camino, ch'era come una mezza tramoggia enorme rovesciata, la vecchia Pentàgora, quella sera, borbottava tra sè più del solito, mordicchiando le còcche del grosso fazzoletto nero, di lana, che teneva in capo, annodato sotto il mento.

Come se le stipe e i tizzoni, scoppiettando, cigolando o levando fanfaluche, le parlassero, ella soleva tutto il giorno, lì, aggrondata e ingrugnata, far lunghi discorsi col fuoco, e ogni tanto gestiva a scatti, con le mani secche, nere, dalle dita agilissime. Parlava continuamente così, tra sè, fondendo le parole precipitose, quasi imitasse un ruzzolìo di fusi.

Le rare volte che si levava dal canto del fuoco e andava a ronzare come un moscone per casa, pareva s'aggirasse in un sogno smanioso, con gli occhi senza sguardo, le dita sempre irrequiete. Scopriva talvolta.... non si sapeva che cosa, nei muri, per terra, per aria: si arrestava incantata a mirare con gli occhi chiari, ilari, parlanti; la faccia cotta dal fuoco le si allargava in un sorriso di beatitudine, che destava una certa invidia mista di costernazione pure in coloro che la commiseravano.

Che vedeva? Perchè sorrideva così?

Certi suoi atti, certe sue espressioni erano veramente da povera mentecatta; ma a quando a quando faceva anche stupire o divinando cose lontane o dimostrando innegabilmente di vedere oltre la vista naturale. Sicchè la gentuccia del vicinato credeva ch'ella fosse in commercio misterioso con le *Donne*, e qualcuna giurava di aver sentito nelle notti d'inverno più burrascose gridare tra il vento, su dai tetti, il nome di lei:

— Sidora! Sidora!

Le *Donne*, certo, che venivano a chiamarla, se la portavano via con loro, in ispirito. Non aveva ella in casa un altarino su cui adorava tre spighe secche circondate da sacchettini scarlatti pieni di sale?

— L'animuccia mia ha gli occhi tondi tondi, rossi, vivi vivi; la coda lunga, il becco nero. Nido di rondinella, appeso a un campanile, presso le campane. Sta di casa là, l'animuccia mia. *Din don dan*, *din don dan*. Sbuca un vecchio topo, sbucano i topicini; si mettono a giocare con un sassolino, sulla balaustrata del campanile. Le campane ronzano, le campane sbadigliano al cielo; han la lingua ciondoloni; hanno fame di vento, le campane. Quant'arsura, nell'estate! Pioggia, pioggia, lava le campane. Spunta l'erbuccia della frescura.... *Dan dan, dan dan*, le monacelle della badia. Corvo, diavolo che vi porta via!

Queste erano le sue filastrocche, quand'era di buon umore. Per lo più, però, era ingrugnata; e quella sera, quella sera più del solito.

— Zà Sidò, a tavola, — venne a dirle Niccolino, il nipote, pallido, con aria stordita. — Papà dice, non c'è perchè restar digiuni. Rocco, però, non è ancora tornato. Come si fa?

La vecchia guardò un tratto il nipote, con le ciglia aggrottate, quasi non avesse inteso; poi scattò in piedi, alzando le braccia a un gesto vivacissimo di noncuranza sdegnosa, e s'avviò di furia, curva, grufando, alla sala da pranzo.

Era un tetro stanzone, dalle pareti basse, nude, ingiallite, lungo le quali correvano due interminabili file di seggiole tutte scompagne. Di notte, queste seggiole conversavano fra loro, con sommessi scricchiolii; fra loro e con la vecchia matta, a cui narravano la loro storia, da quali misere case fossero venute a quello stanzone, pegnorate con tutta l'altra masserizia, tra i pianti, gli strilli e le imprecazioni degli antichi padroni; e una, ch'era più sfilata delle altre, diceva ch'era stata ridotta così da una povera madre, la quale per ore e ore ogni sera cullava il suo piccino, che, non trovando latte ne le mammelle vizze, non voleva, non poteva prender sonno.... Forse da esse, o dal pavimento, o dalle pareti, spirava nello stanzone quel tanfo misto, indefinibile, d'appassito. Dal tetto, affumicato in giro, pendeva una lampada su la tavola apparecchiata, come sperduta lì in mezzo.

Vi stava già seduto a cenare Antonio Pentàgora, il padre, grosso omaccione sanguigno, il cui volto tarmato pareva quasi una maschera sotto il bianco roseo della cotenna rasa, ridondante su la nuca. Dalla camicia floscia, aperta, gli s'intravedeva il petto irsuto.

Niccolino e la zia presero il loro posto e cominciarono a cenare anch'essi, tranquillamente, come se nulla fosse stato.

Poco dopo, Rocco apparve su la soglia, cupo, disfatto.

— Oh, bravo Roccuccio, eccolo qua! — esclamò allora il padre, volgendosi e fregandosi le grosse mani ruvide, piene d'anelli massicci.

Niccolino levò, sopra il capo della zia che gli

stava di fronte, la testa secca, orecchiuta, per veder l'aria del fratello. La zia non si mosse.

Rocco stette un po' a guardare i tre seduti a tavola, poi si buttò su la prima seggiola presso l'uscio, coi gomiti su le ginocchia, le pugna sotto il mento, il cappello su gli occhi.

— Oh, e àlzati! — riprese il Pentàgora. — T'abbiamo aspettato, sai? Non mi credi? Parola mia d'onore, fino alle dieci.... no, più, più.... che ora è? Vieni qua: ecco il tuo posto: apparecchiato qua, come prima.

E chiamò, forte:

— Signora Popònica!

— Epponina, — corresse Niccolino a bassa voce.

— Zitto, bestia, lo so. Voglio chiamarla Popònica, come tua zia. Non è permesso?

Rocco, incuriosito, alzò la testa e brontolò:

— Chi è Popònica?

— Ah! una signora caduta in bassa fortuna, — rispose allegramente il padre. — Vera signora, sai? Da jeri ci fa da serva. Tua zia la protegge.

— Romagnola, — aggiunse Niccolino, sommessamente.

Rocco ripiegò la testa su le mani; e il padre, soddisfatto, si recò pian piano alle labbra il bicchiere ricolmo; lo scoronò con un sorsellino càuto; poi strizzò un occhio a Niccolino e, facendo schioccar la lingua, disse:

— Buono! Roccuccio, vino nuovo; fa stringer l'occhio.... Assaggia, assaggia, ti rimetterà lo stomaco. Sciocchezze, figlio mio!

E tracannò il resto in un fiato.

— Non vuoi cenare? — domandò poi.

— Non può cenare, — osservò piano Niccolino.

Tacquero tutti, badando che le forchette non frugassero nei piatti, come per non offendere il silenzio ch'empiva penosamente lo stanzone. Ed ecco la signora Popònica, coi capelli color tabacco di Spagna, unti non si sa di qual manteca, con gli occhi ammaccati e la bocca grinzosa appuntita, entrar tentennante su le gambette, forbendosi le mani piccole, sconciate dal lavoro, in una giacca smessa del padrone, legata per le maniche intorno alla vita, a mo' di grembiule. La tintura dei capelli, l'aria mesta del volto davano a vedere chiaramente che quella povera signora caduta in bassa fortuna avrebbe forse desiderato qualcosa di più che il disperato amplesso di quelle maniche vuote.

Subito Antonio Pentàgora con la mano le fe' cenno d'andar via: non c'era più bisogno di lei, poichè Rocco non voleva cenare. Quella inarcò le ciglia, sbalzandole fin sotto i capelli, distese su gli occhi dolenti le pàlpebre cartilaginose, e andò via, dignitosa, sospirando.

— Ricòrdati, oh! che te l'avevo predetto, — uscì a dir finalmente il Pentàgora.

Sonò il suo vocione così urtante nel silenzio, che la sorella Sidora, quantunque sempre astratta, balzò ancora qui da sedere, tolse dalla tavola il piatto dell'insalata, ghermì un tozzo di pane, e scappò via, a finir di cenare in un'altra stanza.

Antonio Pentàgora la seguì con gli occhi fino all'uscio, poi guardò Niccolino e si stropicciò il capo raso con ambo le mani, aprendo le labbra a un ghigno frigido, muto.

Ricordava.

Tant'anni addietro, anche a lui, di ritorno alla casa paterna dopo il tradimento della moglie, la sorella Sidora, bisbetica fin da ragazza, aveva voluto che non si movesse alcun rimprovero. Zitta zitta, ella lo aveva condotto nell'antica sua camera da scapolo, come se con ciò avesse voluto dimostrargli ch'ella si aspettava di vederselo un giorno o l'altro ricomparire dinanzi, tradito e pentito.

— Te lo avevo predetto! — ripetè, riscotendosi da quel ricordo lontano, con un sospiro.

Rocco si alzò, smanioso, esclamando:

— Non trovi altro da dirmi?

Niccolino allora tirò, sotto sotto, la giacca al padre, come per dirgli: "Stia zitto!„

— No! — gridò forte il Pentàgora su la faccia

di Niccolino. — Vieni qua, Roccuccio! Lèvati codesto cappello dagli occhi.... Ah, già: la ferita! Lasciami vedere....

— Che m'importa della ferita? — gridò Rocco, quasi piangente dalla rabbia, sbertucciando e sbatacchiando il cappello sul pavimento.

— Sì, guarda come ti sei conciato.... Acqua e aceto, sùbito: un bagnolo.

Rocco minacciò:

— Ancora? Me ne vado!

— E vàttene! Che vuoi da me? Parla, sfògati! Ti prendo con le buone, e spari calci.... Mettiti il cuore in pace, figliuolo mio! La lettera, io dico, avresti potuto raccoglierla con più garbo, senza romperti così la fronte nello sportello dell'armadio.... Ma basta: sciocchezze! Denari, ne hai quanti ne vuoi; femmine, potrai averne quante ne vorrai. Sciocchezze!

Sciocchezze! era il suo modo d'intercalare e accompagnava ogni volta l'esclamazione con un gesto espressivo della mano e una contrazione della guancia.

Si levò di tavola e, recatosi presso il cassettone, su cui stava accoccolato un grosso gatto bigio, trasse una candela; staccò, per dare a vedere ciò che intendeva fare, i gocciolotti dal fusto; poi l'accese e sospirò:

— E ora, con l'ajuto di Dio, andiamo a dormire!

— Mi lasci così? — esclamò Rocco, esasperato.

— E che vuoi che ti faccia? Se parlo ti secchi.... Debbo stare qua? Ebbene, stiamo qua....

Soffiò su la candela e sedè su una seggiola presso il canterano. Il gatto gli saltò sulle spalle.

Rocco passeggiava per lo stanzone, mordendosi a quando a quando le mani o facendo con le pugna serrate gesti di rabbia impotente. Piangeva.

Niccolino, seduto ancora a tavola, sotto la lampada, arrotondava con l'indice pallottoline di mollica.

— Non hai voluto darmi ascolto, — riprese, dopo un lungo silenzio, il padre. — Hai.... hem!... sì, hai voluto fare come me.... Mi viene quasi da ridere, che vuoi farci? Ti compatisco, bada! Ma è stata, Rocco mio, una riprova inutile. Noi Pentàgora.... — quieto, *Fufù*, con la coda! — noi Pentàgora con le mogli non abbiamo fortuna.

Tacque un altro pezzo, poi ripigliò lentamente, sospirando:

— Già lo sapevi.... Ma tu credesti d'aver trovato l'araba fenice. E io? Tal quale! E mio padre, sant'anima? Tal quale!

Fece con una mano le corna e le agitò in aria.

— Caro mio, vedi queste? Per noi, stemma di famiglia! Non bisogna farsene.

A questo punto, Niccolino, che seguitava ad arrotondare tranquillamente pallottoline, sghignò.

— Sciocco, che c'è da ridere? — gli disse il padre, levando su dal petto il testone raso, sanguigno. — È destino! Ognuno ha la sua croce. La nostra, è qua! Calvario.

E si picchiò sul capo.

— Ma, alla fin fine, sciocchezze! — seguitò. — Croce che non pesa, è vero, *Fufù?* quando abbiamo cacciato via la moglie. Anzi, porta fortuna, dicono. E salute, infatti, ne abbiamo da vendere e, per tutto il resto, la grazia di Dio non ci manca. Si sa, per altro, che le mogli è il loro mestiere d'ingannare i mariti. Quand'io sposai, figlio mio, tuo nonno mi disse precisamente quel che poi io ripetei a te, parola per parola. Non volli ascoltarlo, come tu non hai voluto ascoltarmi. E si capisce! Ognuno vuol farne esperienza da sè. Che cosa credevo io che fosse Fana, mia moglie? Precisamente ciò che tu, Roccuccio mio, credevi che fosse la tua: una santa! Non ne dico male, nè gliene voglio: ne siete testimonii. Do a vostra madre tanto che possa vivere, e permetto che voi andiate a visitarla una volta l'anno, a Palermo. M'ha reso in fin dei conti un gran servizio: m'ha insegnato che si deve obbedire ai genitori. Dico perciò a Niccolino: — Tu almeno, figliuolo mio, sàlvati!

Quest'uscita non piacque a Niccolino, che già faceva all'amore;

— Ma pensate a vojaltri, voi, che a me ci penso io!

— A lui, oibò! a lui.... ah, figlio mio! — esclamò sogghignando il Pentàgora. — Ma San Silvestro.... Ma San Martino....

— Va bene, va bene, — rispose Niccolino irritatissimo. — Ma a noi la mamma, poveretta, che male ha fatto, se pur è vero che...?

— Niccolì', ora mi secchi! — lo interruppe il padre, levandosi in piedi. — È destino, sciocconaccio! Ed io parlo per il tuo bene. Prendi, prendi moglie, se tre esperienze non ti bastano, e — se sei davvero dei Pentàgora — vedrai!

Si liberò del gatto con una scrollata, tolse dal canterano la candela e, senza neanche accenderla, scappò via.

Rocco aprì la finestra e si mise a guardar fuori a lungo.

La notte era umida. In basso, dopo il ripido degradare delle ultime case giù per la collina, la pianura immensa, solitaria, si stendeva sotto un velo triste di nebbia, fino al mare laggiù, rischiarato pallidamente dalla luna. Quant'aria, quanto spazio, fuori di quell'alta finestra angusta! Guardò la facciata della casa, esposta lassù ai venti, alle piogge, malinconica nell'umidor lunare; guardò in basso la viuzza nera, deserta, vegliata da un solo fanale piagnucoloso; i tetti delle povere case raccolte nel sonno; e si sentì crescere l'angoscia. Rimase attonito, quasi con l'anima sospesa, a mirare; e come, dopo un violento uragano, lievi nuvole vagano indecise, pensieri alieni, memorie smarrite, impressioni lontane gli s'affacciarono allo spirito, senza precisarsi tuttavia. Pensò che lì, in quella straducola angusta, quand'egli era bambino, proprio sotto a quel fanale dal fioco lume vacillante, una notte, era stato ucciso un uomo a tradimento; che poi una serva gli aveva detto che lo spirito di quell'ucciso era stato veduto da tanti; e lui ne aveva avuto una gran paura e per parecchio tempo non aveva più potuto affacciarsi di sera a guardare in quella via.... Ora la casa paterna, lasciata da circa due anni, lo riprendeva, con tutte le reminiscenze, con l'oppressione antica. Egli era libero di nuovo, come ritornato scapolo. Avrebbe dormito solo, quella notte, nella cameretta nuda, nel lettuccio di prima: solo! La sua casa maritale, coi ricchi mobili nuovi, era rimasta vuota, buja.... le finestre erano rimaste aperte.... e quella luna, calante tra le brume sul mare lontano, doveva vedersi certo anche dalla sua camera da letto.... Il suo letto a due.... tra i cortinaggi di seta rosea.... ah! Strizzò gli occhi e serrò le pugna. E domani? che sarebbe stato domani, quando tutto il paese avrebbe saputo ch'egli aveva scacciato di casa la moglie infedele?

Là, col capo immerso nel vasto silenzio malinconico della notte punto qua e là e vibrante da stridi rapidi di pipistrelli invisibili, con le pugna ancora serrate, Rocco gemette, esasperato:

— Che debbo fare? che debbo fare?

— Scendi giù dall'Inglese, — insinuò piano e quieto Niccolino, che se ne stava ancor presso la tavola, con gli occhi fissi su la tovaglia.

Rocco trasalì alla voce, e si voltò, stordito da quel consiglio e dal vedere il fratello ancora lì, impassibile, sotto la lampada.

— Da Bill? — gli domandò, accigliato. — E perchè?

— Io, nel tuo caso, farei un duello, — disse con aria semplice e convinta Niccolino, raccogliendo nel cavo della mano tutte le pallottoline arrotondate e andando a buttarle dalla finestra.

— Un duello? — ripetè Rocco, e stette un poco a pensare, impuntato; poi proruppe: — Ma sì, ma sì, ma sì, dici bene! Come non ci avevo pensato? Sicuro, il duello!

Dalla chiesa vicina giunsero i rintocchi lenti della mezzanotte.

— Mezzanotte?

— L'Inglese sarà sveglio....

Rocco raccolse il cappello ammaccato dal pavimento.

— Ci vado!

II.

Per la scala, al bujo, Rocco Pentàgora rimase un tratto perplesso se picchiare all'uscio dell'Inglese o a quello più giù d'un altro pigionante, il professor Blandino.

Antonio Pentàgora aveva edificato quella sua casa, che pareva un torrione, a piano a piano. Al quarto, per il momento, s'era arrestato. Ma, o che la casa rimanesse veramente fuori mano, o che nessuno volesse aver da fare col proprietario, il fatto era che al Pentàgora non riusciva mai d'appigionarne un quartierino. Il primo piano era vuoto da tant'anni; del secondo una sola camera era occupata da quel professor Blandino, affidato alle cure della signora Popònica; del terzo, parimenti una sola, dall'inglese Mr. H. W. Madden, detto Bill. Tutte le altre, qua e là, dai topi. Il portinajo aveva la dignitosa gravità d'un notajo; ma, cinque lire al mese; per cui non salutava mai nessuno.

Luca Blandino, professore di filosofia al Liceo, su i cinquant'anni, alto, magro, calvissimo, ma in compenso enormemente barbuto, era uomo singolare, ben noto in paese per le incredibili distrazioni di mente a cui andava soggetto. Aggiogato per necessità e con triste rassegnazione all'insegnamento, assorto di continuo nelle sue meditazioni, non si curava più di nulla nè di nessuno. Tuttavia, chi avesse saputo all'improvviso impressionarlo così, da farlo per poco discendere dalla sfera di quei suoi nuvolosi pensieri, avrebbe potuto tirarlo dalla sua e farsene ajuto prezioso e disinteressato. Rocco lo sapeva.

Uomo non men singolare era il Madden, professore anche lui, ma privato, di lingue straniere. Dava a pochissimo prezzo lezioni d'inglese, di tedesco, di francese, bistrattando l'italiano. Piazza internazionale, dunque, quella sua fronte smisurata. I capelli aurei, finissimi, pareva gli si fossero allontanati dai confini della fronte e dalle tempie per paura del naso adunco, robusto; ma in cerca di loro, dalla punta delle sopracciglia serpeggiavano su su, come per andarsi a nascondere, due vene sempre gonfie. Sotto le sopracciglia s'appuntavano gli occhietti grigio-azzurri, a volta astuti, a volta dolenti, come gravati dalla fronte. Sotto il naso, i baffetti color di fieno, tagliati rigorosamente intorno al labbro. Nonostante la fronte monumentale, la natura aveva voluto dotare il corpo del signor Madden d'una certa agilità scimmiesca;

e il signor Madden sùbito aveva tratto partito anche di questa dote: nelle ore d'ozio, dava lezioni di scherma; ma così, senz'alcuna pretesa, badiamo!

Probabilmente neppur lui, povero Bill, avrebbe saputo ridire come mai dalla nativa Irlanda si fosse ridotto in un paese di Sicilia. Nessuna lettera mai dalla patria! Era proprio solo, con la miseria dietro, nel passato, e la miseria innanzi, nell'avvenire. Così abbandonato alla discrezione della sorte, pure non s'avviliva. In verità, il signor Madden aveva in mente, per sua ventura, più vocaboli che pensieri; e se li ripassava di continuo.

Rocco — come Niccolino aveva supposto — lo trovò sveglio.

Bill stava seduto su un vecchio, sgangherato canapè innanzi a un tavolino, con la gran fronte illuminata da una lampada dal paralume rotto; senza scarpe, teneva una gamba accavalciata su l'altra e dava morsi da arrabbiato a un panino imbottito, guardando religiosamente una bottiglia sturata di pessima birra, che gli stava davanti.

Ogni mattone, in quella camera, reclamava la scopa e una cassetta da sputare per il signor Madden; reclamavano le pareti e i pochi, decrepiti mobili uno spolveraccio; reclamava il letticciuolo dai trespoli esposti le solide braccia d'una servotta, che lo rifacessero almeno una volta la settimana; reclamavano gli abiti del signor Madden non una spazzola, ma una brusca, piuttosto, da cavallo.

Le vetrate dell'unica finestra erano aperte; le persiane, accostate a fessolino. Le scarpe del signor Madden, una qua, una là, in mezzo alla camera.

— Oh Rocco! — esclamò egli con la barbara pronunzia, nella quale gargarizzava, schiacciava, sputava vocali e consonanti, con sillabazione spezzata, come se parlasse con una patata calda in bocca.

— Scusa, Bill, se vengo così tardi, — disse Rocco, con faccia cadaverica. — Ho bisogno di te.

Bill ripeteva quasi sempre le ultime parole del suo interlocutore, come per agganciarvi la risposta:

— Di me? Un momento. È mio dovere di rimettere prima le scarpe.

E guardò, sconcertato, la ferita su la fronte dell'amico.

— Ho avuto una lite.

— Non capisco.

— Una lite! — ripetè con forza Rocco, additando la fronte.

— Ah, una lite, benissimo: *a strife, der Streite,*

une mêlée, yes, capito benissimo. Si dice *lite* in italiano? *Li-te,* benissimo. Che cosa posso io fare?

— Ho bisogno di te.

— (*Li-te*). Non capisco.

— Voglio fare un duello!

— Ah, un duello, tu? Benissimo capito.

— Ma non so, — riprese Rocco, — non so proprio nulla di.... di scherma. Come si fa? Non vorrei farmi ammazzare come un cane, capisci?

— Come un cane, benissimo capito. E allora qualche.... *coup?* Ah, un colpo — si dice? Sì, *infallible,* io te lo insegnare. Molto semplice, sì. Subito?

E Bill, con una mossa da scimmia ben educata, staccò dalla parete due vecchi fioretti arrugginiti.

— Aspetta, aspetta.... — gli disse Rocco, turbandosi alla vista di quei ferracci. — Spiegami, prima.... Io sfido, è vero? oppure, schiaffeggio, e sono sfidato. I padrini discutono, si mettono d'accordo. Duello alla sciabola, poniamo. — Si va — si va sul luogo stabilito. Ebbene, che si fa? Ecco, voglio saper tutto, con ordine.

— Sì, ecco, — rispose il Madden, a cui l'ordine, parlando, piaceva, per non imbrogliarsi; e si mise a spiegargli alla meglio, a suo modo, i preliminari d'un duello.

— Nudo? — domandò a un certo punto Rocco, costernatissimo. — Come nudo? perchè?

— Nudo.... di camicia, — rispose il Madden. — Nudo il.... come si dice? *le tronc du corps.... die Brust....* ah, *yes*, torso, il torso. O puramente, senza nudo, sì.... come si vuole.

— E poi?

— Poi? Eh, si duellare.... La *sciabla;* in guardia; *à vous!*

— Ecco, — disse Rocco, — io, per esempio, prendo la sciabola; avanti, insegnami.... Come si fa?...

Bill gli dispose bene, prima di tutto, le dita di tra le basette. Rocco si lasciò piegare, stirare, atteggiare come un manichino. Si avvilì presto però in quelle insolite positure stentate. — "Cado! cado!" —, e il braccio teso gli si stancava, gli s'irrigidiva; il fioretto, possibile? pesava troppo. — "*Eh! eh! olà! oilà!*" — incitava intanto il Madden. — "Aspetta, Bill!" — nel dare quel colpo, il piede sinistro come poteva star fermo? e il destro, Dio! Dio! non poteva più ritrarsi in guardia! A ogni movimento il sangue gli affluiva con impeto alla ferita della fronte. Intanto, alle pareti, i decrepiti mobili pareva che sussultassero, sbalorditi, agli sbalzi ridicoli delle ombre mostruosamente ingrandite di quei duellanti notturni.

Bum! bum! bum! — alcuni colpi bussati con rabbia sotto il pavimento.

Il Madden ristette, scosciato, con la gran fronte imperlata di sudore. Tese l'orecchio.

— Abbiamo svegliato il professore Luca!

Rocco si era abbandonato, rifinito, su una seggiola, con le braccia ciondoloni, la testa cascante, appoggiata alla parete; quasi in deliquio. Pareva, in quell'atteggiamento, che avesse già terminato il duello con l'avversario e ricevuto una ferita mortale.

— Abbiamo svegliato il professore Luca, — ripetè Bill, guardando Rocco, a cui tale notizia pareva non arrecasse alcuna spiacevole sorpresa.

— Andrò io dal Blandino, — diss'egli alla fine, levandosi in piedi. — Bisogna sbrigar tutto prima di domani. Il Blandino mi farà da testimonio. Addio; grazie, Bill. Conto anche su te, bada.

Il Madden accompagnò col lume in mano l'amico fino alla porta; aspettò sul pianerottolo che il professor Blandino venisse ad aprire e, allorchè la porta del secondo piano fu richiusa, si ritirò facendo un suo gesto particolare con la mano, come se si cacciasse una mosca ostinata dalla punta del naso.

Luca Blandino accolse di mal umore quella visita notturna. Borbottando, barcollando, introdusse Rocco per le altre stanze deserte, nella sua camera; poi, col barbone grigio abbatuffolato e gli occhi gonfi e rossi dal sonno interrotto, sedè sul letto con le gambe nude, pelose, penzoloni.

— Professore, abbia pietà di me, e mi perdoni, — disse Rocco. — Mi metto nelle sue mani.

— Che t'è accaduto? Tu sei ferito! — esclamò il Blandino con voce rauca, guardandolo con la candela in mano.

— Sì.... ah se sapesse! Da dieci ore, io.... Sa, mia moglie?

— Una disgrazia?

— Peggio. Mia moglie m'ha.... L'ho scacciata di casa....

— Tu? Perchè?

— Mi tradiva.... mi tradiva.... mi tradiva....

— Sei matto?

— No! che matto!

E Rocco si mise a singhiozzare, nascondendo la faccia tra le mani e nicchiando:

— Che matto! che matto!

Il professore lo guardava dal letto, non credendo quasi agli occhi suoi, ai suoi orecchi, così soprappreso nel sonno.

— Ti tradiva?

— L'ho sorpresa che.... che leggeva una lettera.... Sa di chi? dell'Alvignani!

— Ah birbante! Gregorio? Gregorio Alvignani?...

— Sissignore — (e Rocco inghiottì). — Ora, capisce, professore.... così.... così non può, non deve finire! Egli è partito.

— Gregorio Alvignani?

— Scappato, sissignore. Questa sera stessa. Non so dove, ma lo saprò. Ha avuto paura.... Professore, mi metto nelle sue mani.

— Io? Che c'entro io?

— Una soddisfazione, professore, io certamente debbo prendermela.... di fronte al paese.... Non le pare? Posso restar così?

— Piano, piano.... Càlmati, figlio mio! Che c'entra il paese?

— L'onore mio, professore! Non c'entra? Debbo difendere il mio onore.... Di fronte al paese....

Luca Blandino scrollò le spalle, seccato.

— Lascia stare il paese! Bisogna riflettere, ragionare. Prima di tutto: ne sei ben sicuro?

— Ho le lettere, le dico, le lettere che lui le buttava dalla finestra!

— Lui, Gregorio? come un ragazzino? Ma mi dici da vero?... Ohi, ohi, ohi.... Le buttava le lettere dalla finestra?

— Sissignore, le ho qua!

— Ma guarda, guarda, guarda.... E tua moglie,

santo Dio! Non è figlia di Francesco Ajala, tua moglie? Bada, caro mio, quello è una bestia feroce.... Adesso nasce un macello!... Che m'hai detto? Che m'hai detto? Vah.... vah.... vah.... Dalla finestra? Le buttava le lettere dalla finestra, come un ragazzino?

— Posso contare su lei, professore?

— Su me? Perchè? Ah, tu vorresti fare.... Aspetta, figliuolo mio, bisogna ragionare.... Mi hai tutto scombussolato.... Non è possibile, adesso....

Scese dal letto; s'accostò a Rocco e, battendogli una mano su la spalla, aggiunse:

— Torna su, figliuolo mio.... Tu soffri troppo, lo vedo... Domani, eh? con la luce del sole. — Ne riparleremo domani; ora è tardi.... Va'a dormire, se ti sarà possibile.... va' a dormire, figlio mio....

— Ma mi prometta fin d'ora.... — insistè Rocco.

— Domani, domani, — lo interruppe di nuovo il Blandino, spingendolo verso l'uscio. — Ti prometto.... Ma che birbante, oh! Le lettere glielo buttava dalla finestra? Bisogna aspettarsi di tutto a questo mondaccio, caro mio! Povero Roccuccio, ti tradiva.... Su, su, andiamo....

— Professore.... non m'abbandoni, per carità! Conto su lei!

— Domani, domani, — ripetè il Blandino. — Povero Roccuccio.... la vita, eh? che miseria.... Buona notte, figliuolo mio, buona notte, buona notte....

E Rocco sentì chiudersi dietro le spalle la porta, piano piano, e restò al bujo, sul pianerottolo, in mezzo alla scala silenziosa, smarrito. Nessuno voleva più saperne, di lui?

Sedette, come un bambino abbandonato, su i primi scalini della branca, presso la ringhiera, coi gomiti su le ginocchia e la testa tra le mani. Il bujo, il silenzio, la positura stessa gli strinsero il cuore, gli fecero cader l'animo in un avvilimento profondo; e allora egli contrasse il volto e si mise a piangere e a lamentarsi sommessamente:

— Ah, mamma mia! mamma mia! mamma mia!...

Pianse e pianse. Poi si cercò in tasca e ne trasse una lettera tutta brancicata. Accese un fiammifero e si provò a leggere; ma avvertì su la mano il contatto di qualcosa umida, lievissima, un po' vischiosa; e alzò il fiammifero per veder che fosse. Un filo di ragno, lunghissimo, che pendeva dall'alto della scala. Si distrasse a guardarlo, e non avvertì al fiammifero che gli si consumava intanto tra le dita; si scottò e, al bujo, gridò più volte:

— Maledetto! maledetto! maledetto!...

Accese un altro fiammifero e si mise a leggere la lettera, ch'era scritta di minutissimo carattere, su una carta cinerea, ruvida in vista. Lèsse macchinalmente le prime parole: — " *Ti scrivo da tre mesi* (son già tre mesi) *e ancora....* Saltò alcuni righi; fissò lo sguardo su un *Quando?* sottolineato, poi buttò il fiammifero e restò con la lettera in mano e gli occhi sbarrati nel bujo.

Rivedeva la scena.

Aveva sforzato l'uscio con un violento spintone, gridando: " La lettera! dammi la lettera! „. — Al fracasso, Marta s'era fatta riparo de lo sportello aperto del grande armadio a muro presso al quale leggeva. Egli aveva tratto in avanti con forza lo sportello e le aveva afferrato i polsi. — " Che lettera? che lettera? „ — aveva ella balbettato, guardandolo atterrita negli occhi. Ma la carta, spiegazzata nell'improvviso terrore e impigliata tra le vesti e un palchetto dell'armadio, era caduta come una foglia secca sul pavimento. Ed egli, nel lanciarsi a raccoglierla, s'era ferito alla fronte, urtando contro lo sportello aperto dell'armadio. Accecato dall'ira, dal dolore, aveva allora inveito contro di lei, senza riguardo alla maternità incipiente, e la aveva senz'altro cacciata di casa a urtoni, a percosse.

Poi, l'altra scena, col suocero. Era andato a mostrargli quella e le altre lettere dell'Alvignani rinvenute nell'armadio. Non c'era colpa? — " E in che consiste allora la colpa per lei?" — gli aveva domandato. — " Scusi, forse perchè è sua figlia?" — Francesco Ajala gli era saltato addosso come un tigre. — " Mia figlia? che dici? mia figlia una sgualdrina? — Poi s'era ammansato. — " Bada, Rocco, bada a quello che fai.... Vedi di che si tratta? Lettere.... E tu rovini due case: la tua e la mia. Forse puoi ancora perdonare.... ". — " Ah, sì? e la perdonerebbe lei, al mio posto, se invece d'esser padre fosse marito?". — E Francesco Ajala non aveva saputo rispondergli.

" Lui no, e io sì? Oh bella! " — pensò Rocco, nel silenzio della scala:

— È finita! ora è finita!

Si levò in piedi e, accendendo un altro fiammifero, si mise a risalir la scala, con gli occhi alla lettera che aveva ancora in mano.

— Che vorrà dire?... — domandava a sè stesso, cercando di decifrare il motto dell'Alvignani inciso in rosso in capo al foglio: NIHIL - MIHI CONSCIO.

III.

L'ombra, poi man mano il bujo avevano invaso la stanza, ove la madre aveva accolto Marta scacciata dal marito. Nel bujo, la suppellettile di vetro su la tavola, già apparecchiata per la cena, prima dell'arrivo di Marta, ritraeva dalla strada qualche fil di luce.

La signora Agata Ajala, altissima di statura e corpulenta, ma con una dolcezza nello sguardo e nella voce, che pareva volesse subito attenuare in chi la guardava o le parlava l'impressione sgradevole che il suo corpo per forza doveva destare; rientrando dalla saletta, dove poc'anzi la avevano chiamata, intravide all'improvviso lume, nell'aprir l'uscio, le due figliuole sul canapè di fronte: Marta, con un fazzoletto sul volto, abbandonata su la spalliera, e Maria che le teneva una mano, china su lei.

— Vuol partire.... — annunziò, quasi istupidita dall'inattesa sciagura.

— Mamma, ha saputo.... ha saputo, — disse allora Marta, scrollando il capo e torcendosi le mani. — Ha saputo e non vuol più tornare a casa. Egli non perdona, lo so. Va' tu a trovarlo; digli che torni, mamma; io me ne vado. Lo so, non mi crede più degna di stare in casa sua. Digli che vi sono venuta.... così, perchè non sapevo dove andare. Me ne vo.... Non sapevo dove andare....

Due care braccia, tese in un impeto di commozione, la attirarono a sè.

La madre disse:

— Dove volevi andare? Dove puoi andare? Rimani, rimani qua, con Maria. Andrò a parlargli....

Si tirò sul capo e si ravvolse attorno al collo uno scialletto nero di lana, e uscì.

La larga strada del sobborgo, molto animata durante il giorno, restava poi, la sera, silenziosa e sola, come una contrada di sogno, con le alte case in fila tacite, buje, su le cui finestre la luna rifletteva un verde lume qua e là. Un greve, interrotto sfilar di nubi fumolente velava a quando a quando la pallida e fresca serenità lunare e gettava ombre cupe su la strada umida.

— Oh San Francesco! — invocò la madre, alzando una mano verso la chiesa in fondo alla strada.

Lì, a pochi passi dalla casa, su la stessa strada suburbana, sorgeva la vasta conceria, di cui Francesco Ajala era proprietario. Appressandosi, ella scorse il marito a un balcone del primo piano, tremò al pensiero d'affrontarne l'ira e il dolore, sapendo purtroppo a quali terribili eccessi potevano trascinarlo. Era alto più di lei, e il corpo gigantesco si disegnava in ombra nel vano luminoso del balcone.

Due erano le sciagure, non una sola. E questa del padre assai più grave di quella di Marta. Perchè, a ragionare con un po' di calma e aspettando qualche giorno, la sciagura della figlia forse si sarebbe potuta riparare. Ma col padre non si ragionava.

La signora Ajala già da un pezzo aveva imparato a misurare ogni dispiacere, ogni dolore, non per sè stesso, che le sarebbe parso poco o niente, ma in considerazione delle furie che avrebbe suscitato nel marito. Se talvolta, buon Dio, per il guasto o la rottura di qualche oggetto anche di poco valore, ma di cui difficilmente si sarebbe potuto trovare il compagno in paese, tutta la casa piombava nel lutto, nella costernazione più grave.... E i vicini, gli estranei, risapendolo, ne ridevano; e avevano ragione. Per una boccettina? per un quadrettino? per un ninnolo qualunque? Ma bisognava vedere che cosa importasse per lui, per il marito, quel guasto o quella rottura. Una mancanza di riguardo, non all'oggetto che valeva poco o nulla, ma a lui, a lui che l'aveva comperato. Avaro? Nemmen per sogno! Era capace, per quel ninnolo di pochi bajocchi, di mandare in frantumi mezza casa.

In tanti anni di matrimonio, ella era riuscita con le dolci maniere ad ammansarlo un po', perdonandogli anche, spesso, torti non lievi, senza mai venir meno tuttavia alla propria dignità e pur senza fargli pesare il perdono. Ma un nonnulla bastava di tanto in tanto a farlo scattare selvaggiamente. Forse, subito dopo, se ne pentiva; non voleva, però, o non sapeva confessarlo: gli sarebbe parso d'avvilirsi o di darla vinta: desiderava che gli altri lo indovinassero; ma poichè nessuno, nello sbigottimento, ardiva nemmeno di fiatare, egli si chiudeva, s'ostinava in una collera nera e muta per intere settimane. Certo, con segreto dispetto, avvertiva il troppo studio nei suoi di non far mai cosa che gli desse pretesto di lamentarsi minimamente; e sospettava che molte cose gli fossero nascoste; se qualcuna poi veramente ne scopriva anche dopo molto tempo, lasciava prorompere furibondo il dispetto accumulato, senza riflettere che ormai quelle escandescenze erano fuor di luogo, e che infine s'era fatto per non dargli dispiacere.

Si sentiva estraneo nella sua stessa casa; gli pareva che i suoi lo tenessero per estraneo; e diffidava. Specialmente di lei, della moglie, diffidava.

E la signora Agata, infatti, soffriva sopra tutto di questo: che nell'animo di lui fossero impressi due falsi concetti di lei: l'uno di malizia, l'altro d'ipocrisia. Tanto più ne soffriva, in quanto che lei stessa sovente si vedeva costretta a riconoscere che non senza ragione egli doveva credere fossero giusti, invece, quei due concetti; perchè davvero ella, mancando ogni intesa fra loro due, talvolta era forzata dai bisogni stessi della vita a far di nascosto qualcosa ch'egli non avrebbe certamente approvata; e poi a finger con lui.

Era sicura adesso la signora Agata, che il marito, nel furore, le avrebbe rinfacciato tutte quelle lievi concessioni che in tanti anni era riuscita con la dolcezza ad ottenere.

— Francesco! — chiamò una voce umile, nel silenzio della strada.

— Chi è là? — domandò forte l'Ajala, scotendosi, curvandosi su la ringhiera del balcone. — Tu? Chi ti ha detto di venire? Vàttene! vàttene via subito! Non mi far gridare di qua!

— Apri, te ne supplico...,

— Vàttene, t'ho detto! Non voglio veder nessuno! A casa! subito, a casa! No? Scendo, sai?

E Francesco Ajala, diede uno scrollo poderoso alla ringhiera di ferro, e si ritrasse.

Ella attese a capo chino, come una mendicante

appoggiata al portone, asciugandosi di tanto in tanto gli occhi con un fazzoletto che teneva in mano da quattro ore.

Un rumor di passi per il lungo androne interno, cupo, rintronante: lo sportello a destra del portone s'aprì, e l'Ajala, curvandosi, sporgendo il capo, afferrò per un braccio la moglie.

— Che sei venuta a far qui? Che vuoi? Chi sei? Non ho più nessuno io, nessuno, nessuno; nè famiglia nè casa! Fuori tutti! Fuori! Schifo mi fate, ribrezzo! Vàttene via! via!

E le diede un violento spintone.

Ella rimase, col braccio indolenzito dalla stretta, lì innanzi al vano de lo sportello; poi entrò come un'ombra, rassegnata ad aspettare ch'egli si votasse il cuore di tutta la collera, rovesciandogliela addosso; decisa anche a farsi percuotere.

In mezzo al bujo androne, l'Ajala, con le mani intrecciate dietro la nuca, le braccia strette intorno alla testa, s'era messo a guardare la grande porta a vetri, in fondo, cieca nel blando chiaror lunare. Si voltò, sentendo nel bujo piangere la moglie; le venne incontro con le pugna serrate, ruggendo con scherno:

— L'hai ricevuta in casa? Te la sei baciata, carezzata, lisciata, la tua bella figlia? Che vuoi ora da me? Che aspetti qua? me lo dici?

— Vuoi partire.... — singhiozzò ella, piano.

— Subito, sì! La valigia....

— Dove vuoi andare?

— Debbo dirlo a te?

— Ma anche.... per sapere ciò che debbo prepararti.... quanto starai fuori....

— Quanto? — gridò lui. — E t'immagini ch'io possa ritornare? rimetter piede nella vostra casa svergognata? Via per sempre! In galera o sotterra. Lo raggiungerò! lo raggiungerò! Oh, a costo di....

— E ti par giusto? — arrischiò ella, desolatamente.

— No, ma che! no! — tuonò egli con un ghigno orribile. — Giusto è che una figlia insudici il nome del padre! che si faccia scacciare come una sgualdrina dal marito, e che poi venga ad insegnare l'arte alla sorella minore! Questo è giusto, questo è giusto per te, lo so!

— Come vuoi tu, — diss'ella. — Ma io ti domandavo se, prima di lasciarti andare ad un tale eccesso, non ti pareva che convenisse piuttosto....

— Che cosa?

— Vedere se fosse possibile evitare lo scandalo....

— Lo scandalo? — gridò egli. — Ma se Rocco è venuto qua!

— Qua?

— A mostrarmi le lettere!

— Ah, tu le hai vedute? — domandò ella con ansia. — L'ultima? C'è la prova che Marta...

— È innocente, è vero? — scattò egli, afferrandola per un braccio, respingendola, andandole addosso di nuovo. — Innocente? Innocente? hai il coraggio di dire innocente innanzi a me? E qua, qua, qua, rossore, qua, ne hai? rossore, qua?

E, in così dire, si percosse più volte furiosamente le guance. Poi ripigliò:

— Innocente.... Con quelle lettere? Avresti fatto lo stesso, dunque, tu? Sta' zitta! Non arrischiarti di scusarla!

— Non la scuso, — gemette ella, piano, con strazio. — Ma se ho la prova, io, la prova che mia figlia non merita il castigo che le si vuole infliggere....

— Ah, questo, — tonò cupamente l'Ajala, — questo l'ho detto anch'io a quell'imbecille....

— Vedi? — gridò la moglie, quasi ilarata da un lampo di speranza.

— Ma poi egli mi chiese se io, al posto suo, avrei perdonato.... Ebbene, no! Perchè io, — aggiunse, riafferrando per le braccia la moglie e scrollandola forte, — io non t'avrei perdonato: ti avrei ucciso!

— Senza colpa....

— Per quella lettera! Non ti basta?

— Marta, sì, sarà colpevole, — si piegò allora a dire la madre, — ma d'una leggerezza, non d'altro. E ora tu che vuoi fare? Partire, è vero? Affrontar colui, tu! E non intendi che la sciagura, così.... Lasciami dire, per carità! Ho fede, io, ho fede che un giorno, presto, la luce si farà....

— Non scusare! Non scusare!

— Non scuso Marta, no; accuso me, va bene? Me, me, perchè io non dovevo lasciarlo fare questo matrimonio....

— Accusi anche me, dunque?

— Ma se tu stesso l'hai detto! Non te n'eri pentito? Abbiamo avuto troppa fretta di maritarla, e confessa che abbiamo scelto male! E quel che le toccò soffrire sotto la tirannia di quella strega della zia e del padre infame, prima che Rocco si risolvesse a far casa da sè? Questo non la scusa, sì, è vero, lo so; ma può rendere, mi sembra, meno severi nella pena. È pure una disgraziata.... sì, una....

Non potè seguitare. Nascose il volto nel fazzoletto, scossa dai singhiozzi irrefrenabili.

Egli, con un gomito appoggiato al muro e la fronte nella mano, scompigliava ritmicamente col piede un mucchietto di ferruche raccolte lì nell'androne, e, con le ciglia giunte, irsute, aggrondate, pareva solo intento a quell'esercizio del piede. Poi disse con voce cupa:

— Giacchè la colpa è mia e tua, questa è la nostra condanna, e dobbiamo scontarla. Bada! Rientro con te in casa: sarà, d'ora in poi, la mia e la tua prigione. Non ne uscirò che morto!

Andò su per chiudere il balcone rimasto aperto. La moglie attese un pezzo, nel bujo dell'androne; poi, vedendolo tardare, salì anche lei. Lo trovò con la faccia contro il muro, che piangeva, solo.

— Francesco....

— Via! via! via!

La spinse avanti, di furia. Chiusa la conceria, fecero in silenzio il breve tratto fino a casa. Innanzi alla porta, ordinò alla moglie di salire avanti, aggiungendo, minaccioso:

— Non debbo vederla!

Poco dopo, salì anche lui e andò a chiudersi a chiave in una camera, al bujo; si buttò sul letto, vestito, con la faccia affondata nei guanciali, stringendo con una mano la testata della lettiera.

Giacque così tutta la notte. Di tratto in tratto, balzava a sedere sul letto. Tendeva l'orecchio. Nessun rumore per la casa. Pure nessuno certo dormiva.

Quel profondo silenzio gl'irritava sordamente l'interno tumulto dell'anima violenta. Così seduto, si torturava le gambe, le braccia, con le dita artigliate, stretto alla gola da una voglia rabbiosa, impotente, di piangere, d'urlare. Poi ricadeva sul letto, riaffondava la faccia nel guanciale bagnato di lagrime.

— Come! Aveva dunque pianto?

A poco a poco, sotto l'incubo dei pensieri che gli si presentavano sempre con la medesima forma, col medesimo giro, si stordì e rimase a lungo immobile, quasi inconsapevole, sospirando di tratto in tratto, stanco; ridestandosi talora con la coscienza ottusa e la sensazione soltanto degli occhi aridi, sbarrati nel bujo della camera.

Poi le fessure delle imposte cominciarono a schiarirsi. Grado grado, quei fili esili d'umido albore s'accesero vieppiù nel bujo, rifulsero biondi: — il sole!

Egli, dal letto, con le mani intrecciate dietro la nuca, guardava le imposte. Giù per la strada cominciava il trànsito continuo dei carri, ed era come se gli passassero per la mente: egli li vedeva, così giacente e compreso ancora dal tepore del letto e della camera, con l'anima appena risentita. Di fuori, il giorno.... il lavoro.... Gli operai, seduti l'uno accanto all'altro sul marciapiedi, aspettano che s'apra il portone della conceria. Ecco, suona la campana, entrano, a due a due, a tre, allegri o taciturni, con un fagottino sotto il braccio. Il vecchio Scoma, ah, quegli non parla mai.... sua figlia....

— Anche mia figlia! anche mia figlia! Peggio di quella! Quella non tradì, fu tradita; e ora la miseria....

Balzò dal letto, quasi per correre da Marta e afferrarla pei capelli, trascinarla per la casa, percuoterla a sangue.

Due picchi all'uscio, timidi.

— Chi è? — gridò, trasalendo, origliando.

— Io.... — sospirò una voce, dietro l'uscio.

— Via! Non voglio veder nessuno!

— Se hai bisogno....

— Via! via!

E sentì i passi della moglie allontanarsi pian piano, e li seguì col pensiero nelle altre stanze. Dov'era "ella?" che faceva? poteva aver l'ardire di parlare, di guardare in faccia la madre, la sorella? e che diceva? Svergognata! svergognata! svergognata!

Il pensiero di lei, la curiosità di vederla, il bisogno quasi di sentirla piangere tutta tremante sotto gli occhi suoi, senza concederle il perdono supplicato in ginocchio, lo tennero tra le smanie tutto il giorno. Aveva lasciato la camera al bujo, ed era giunto a sentir finanche orrore delle fessure luminose delle imposte che gli ferivano gli occhi ogni qual volta si voltava, passeggiando.

Sul tardi, condiscese ad aprire alla figlia minore. Aprì l'uscio e si stese di nuovo sul letto.

— Richiudi subito!

Maria richiuse subito l'uscio e posò a tasto una tazza di brodo sul tavolino da notte.

— Ti senti male, babbo?

— Non mi sento nulla, — rispose egli con durezza.

Maria sedette, sospirando piano, a piè del letto, col tovagliolo, tra le mani.

Egli si levò su un gomito, forzandosi a discernere la figlia nel bujo.

Maria non era mai stata la preferita. Era cresciuta quasi all'ombra di Marta, e da sè stessa pareva si fosse acconciata al còmpito di stare accanto a la sorella adorata per farne meglio risaltar l'ingegno, lo spirito, la bellezza. Nessuno aveva mai badato a lei, nè ella se n'era mai neppur fra sè lagnata, vinta anch'essa dal fascino di Marta. Pensieri e sentimenti eran rimasti chiusi in lei, quasi non richiesti da alcuno. E nè il padre nè la madre pareva si fossero peranche accorti ch'ella era cresciuta, ch'era ormai donna. Non bella, nè vaga; ma dagli occhi e dalla voce spirava tanta bontà e dagli atteggiamenti così timida grazia, che riusciva a tutti irresistibilmente simpatica.

— Maria, — chiamò con voce rauca il padre, ancora nella stessa positura.

Ella accorse al letto e si sentì all'improvviso

cingere e serrar forte dal braccio di lui, si sentì sul seno la testa del padre. Così piansero entrambi, senza dir nulla, vieppiù stretti, a lungo.

— Vattene, vattene.... — diss'egli alla fine, angosciato. — Non voglio nulla.... Voglio restar solo....

E la figlia obbedì, tremante ancora dalla tenerezza inattesa.

IV.

Maria aveva ceduto a Marta la cameretta, in cui questa soleva dormire da ragazza. Nulla era mutato in essa, nulla di suo vi aveva messo Maria.

Era ancora lì quel caro armadietto dalle antiche pitture villerecce su gli sportelli, alle quali la pàtina veramente aveva più aggiunto che tolto. Era ancora lì il tavolinetto da lavoro della nonna dall'impiallacciatura arsa e scoppiata da tanto tempo, da quella sera, in cui ella vi aveva lasciato cader su il lume e per poco la fiamma non le si era appresa a le gonnelle. Ecco lì ancora, accanto al lettuccio di ottone, l'acquasantiera di vetro e, sotto, la rametta di palma col nastro roseo, ora sbiadito.

C'era acqua santa in quella piletta? Oh, certo sì: Maria era tanto divota!

E al capezzale l'*Ecce Homo* d'avorio, riparato da una lastra concava entro la cornice ovale, nera; l'*Ecce Homo* che una volta aveva chinato, in segno d'assentimento, il capo incoronato di spine a lei e a Maria accorse una dopo l'altra a supplicarlo per la madre colta da improvviso malore.

Marta non era mai stata superstiziosa; pure quel segno non le era uscito mai più dalla memoria, con lo strano sgomento nel sapere, alquanto tempo dopo, da la sorella, che anche a lei era parso di veder l'*Ecce Homo* chinare il capo in segno d'assentimento.

Allucinazioni, certo! Ma, tuttavia, perchè non osava adesso di alzar gli occhi a guardare quell'immagine sacra al capezzale?

Non era ella davvero innocente? Aveva forse amato l'Alvignani? Ma via! Non le pareva neanche ammissibile che qualcuno potesse crederví sul serio. Tutto il suo torto consisteva nel non aver saputo respingere, come doveva, quelle lettere dell'Alvignani. Le aveva respinte, ma da inesperta, rispondendo.... Ad ogni modo, non si sentiva in nulla, per nulla colpevole verso il marito.

Della furtiva corrispondenza epistolare ella aveva letto con interesse solo quella parte che si riferiva al caso di coscienza tanto grave, quanto ingenuamente da lei esposto all'Alvignani in risposta alle prime lettere di lui troppo filosofiche, per disgrazia, nella loro composta sentimentalità.

Delle frasi d'amore non s'era curata, o ne

aveva riso, come di superfluità galanti e innocue. S'era insomma impegnata tra loro due una polemica puramente sentimentale e quasi letteraria, la quale era durata così circa tre mesi, e di cui forse, sì, ella si era un po' compiaciuta, nell'ozio, nella solitudine in cui la lasciava il marito. Curando la forma, scegliendo le frasi, come per un componimento scolastico, ella era orgogliosa di fronte a sè stessa di quel segreto duello intellettuale con un uomo quale l'Alvignani, avvocato di grido, lodato, ammirato, corteggiato da tutta la città, che si preparava ad eleggerlo deputato.

L'irrompere del marito nella camera, mentr'ella leggeva la lettera, nella quale per la prima volta l'Alvignani s'era arrischiato di darle del tu, la scena violenta che n'era seguita, la avevano stupita e spaventata tanto più, in quanto che ella si sentiva, leggendola, affatto calma e indifferente. Innocente, diceva lei.

A ogni donna onesta, che non fosse brutta, poteva capitar facilmente di vedersi guardata con strana ed acuta insistenza da qualcuno; e se colta all'improvviso, turbarsene; se prevenuta della propria bellezza, compiacersene. Ora a nessuna donna onesta, nel segreto della propria coscienza, sarebbe sembrato di commettere un delitto, in quell'istante di turbamento o di compiacenza, carezzando col pensiero quel desiderio suscitato, immaginando in uno sprazzo fuggevole un'altra vita, un altro amore.... Poi la vista delle cose attorno richiamava, ricomponeva la coscienza del proprio stato, dei proprii doveri; e tutto finiva lì!... Momenti! Non si sentiva forse ciascuno guizzar dentro, spesso, pensieri strani, quasi lampi di follia, pensieri inconseguenti, inconfessabili, come sorti da un'anima diversa da quella che normalmente ci riconosciamo? Poi quei guizzi si spengono, e ritorna l'ombra uggiosa o la calma luce consueta.

Ma chi, come lei, senza volerlo, senza sapere precisamente in qual modo, si fosse trovata presa, inviluppata in un intrico? Come, come mai davvero, dalla paurosa sorpresa nel vedersi buttare dall'Alvignani la prima lettera e dalla incertezza tormentosa sul partito da prendere per impedire che colui seguitasse, ella — onesta, onesta, figlia di gente onesta — era potuta man mano arrivare fino a quel punto, senza alcun sospetto? Ah, quante imprudenze aveva commesso quell'uomo avanti che le buttasse la prima lettera e dopo! Ora le notava; ora se ne sentiva offesa. Quelle tendine delle finestre dirimpetto non avevano requie: or sollevate, ora d'un tratto abbassate; e certe subitanee scomparse dalla finestra, e certi segni del capo e delle mani.... Ed ella aveva potuto ridere, allora, ridere di quell'uomo già maturo, rispettabile, che si rendeva innanzi a lei così ridicolo, imbambolito.... Ma a qual mezzo avrebbe dovuto appigliarsi per fare che colui smettesse dal tormentarla? Compromettere il padre? il marito? N'era esasperata, avvilita, e pur non di meno gli occhi le andavano sempre lì, alle finestre dirimpetto, involontariamente, quasi per forza di legamento, lì.... Usciva sovente, per sottrarsi a quella tentazione puerile; si recava per intere giornate alla casa paterna; e qua costringeva Maria a sonare, a sonar sempre la stessa cosa, una vecchia e mesta barcarola.

— Marta, ebbene?

E lei, sprofondata sul divano, rispondeva con voce flebile e gli occhi invagati:

— Sono lontano.... lontano....

Maria rideva, e a Marta risonavano ora negli orecchi le risate schiette de la sorella. E seguitava a ricordare, a rivedere col pensiero. Nel salotto entrava la madre, che le domandava del marito.

— Al solito.... — le rispondeva lei.

— Sei contenta?

— Sì.

E mentiva. Non che avesse da ridire su la condotta di lui; ma ecco, le rimaneva in fondo all'anima un sentimento ostile, non ben definito; e non da ora: fin dal primo giorno della promessa di matrimonio, allor che a lei, ragazza di sedici anni appena, tolta dal collegio, a gli studii seguiti con tanto fervore, Rocco Pentàgora era stato presentato come promesso sposo. Era un sentimento di vaga oppressione ricacciato dentro e soffocato dalle savie riflessioni dei genitori, che nel Pentàgora avevano veduto un partito invidiabile, un buon giovine, ricco.... Sì, sì; ed ella aveva ripetuto come sue queste savie considerazioni della madre e del padre alle compagne di collegio dalle quali aveva voluto prender commiato; come se da bambina tutt'a un tratto fosse diventata vecchia, provata e sperimentata nel mondo.

Qua e là le pareti della cameretta serbavano tuttavia alcune date scritte da lei: ricordi, certo, di antichi trionfi di scuola o d'ingenue feste tra amiche o di famiglia. E su quelle pareti e su tutti quegli oggetti umili, semplici e cari pareva che il tempo si fosse addormentato e che ogni cosa là entro serbasse l'odore del suo respiro. E Marta col pensiero rifrugava nella sua vita di fanciulla.

Quante volte non aveva ella udito, standosene così con gli occhi intenti e lo spirito vagante, quel crepitio delle prime piogge su i vetri delle finestre; quante volte non aveva veduto quella luce scialba, malinconica, nella cameretta raccolta, con la sensazione dolce nell'anima dei prossimi freddi, al declinar dell'autunno nuvoloso, dei brividori che fan le notti invernali, innanzi al mattutino?

Maria guardava la sorella, stupita di quella calma, e quasi non credeva a gli occhi suoi, offesa nel cuore dall'indifferenza con cui Marta pareva si fosse ora acchetata alla sciagura, come se la tempesta non le fosse testè passata sul capo. “ Eppure non ignora, — pensava Maria, — in quale stato s'è ridotto il babbo per causa sua! „ E quasi piangeva dalla pena di non veder la sorella com'avrebbe voluto, umile cioè, desolata, vinta nel suo cordoglio e inconsolabile, come nei primi giorni dopo il ritorno in casa.

Marta infatti non piangeva più. Dopo aver confessato tutto alla madre, tutto, fin ne' minimi particolari, nei più intimi e segreti sentimenti, aveva sperato che il padre almeno, se non più il marito, le rendesse giustizia, e si rimovesse da quel proposito di non uscir più di casa, ch'era per lei, di fronte a tutto il paese, una condanna anche più grave di quella che il marito con sì poca ragione aveva voluto infliggerle, scacciandola dal tetto coniugale.

Così egli, suo padre, confermava l'accusa del

marito e la infamava irrimediabilmente. Non lo intendeva?

Aveva domandato con ansia alla madre se avesse riferito al padre la confessione, e la madre le aveva detto di sì.

Ebbene? Irremovibile?

Da quel momento, non aveva più versato una lacrima. Si era sentita tutta rimescolare, e la rabbia raffrenata s'era irrigidita in lei in un disprezzo freddo, in quella maschera d'indifferenza dispettosa di fronte all'afflizione della madre e della sorella, le quali, anzichè condannare il padre per la sua cieca, testarda ingiustizia, si mostravano costernate per lui, per il male che certo gliene sarebbe venuto alla salute, come se n'avesse colpa lei.

E ora Marta domandava apposta a Maria notizie di qualche amica che prima veniva a visitar la madre e, poichè Maria rispondeva impacciata, ella, sorridendo stranamente, esclamava:

— Adesso, si sa, nessuno vorrà più venire in casa nostra....

Tutto, dunque, doveva finir così, per nulla? Si doveva rimanere come in prigione, in quell'afa, in quel bujo, in quel lutto, quasi che il mondo fosse crollato?

La famiglia si era ritirata nelle stanze più remote da quella ove Francesco Ajala se ne stava rinchiuso. Nessuna voce, nessun rumore giungevano a gli orecchi di lui, che, seduto su la poltrona a pie' del letto, guardava la soglia illuminata sotto l'uscio nero, spiava il lieve, cauto scalpiccìo su l'assito della stanza attigua e si sforzava d' indovinare chi vi passasse in punta di piedi. Non *lei,* certo: era Agata.... era Maria.... era la serva....

— La concerìa, — volle un giorno rammentargli la moglie. — Vuoi che proprio tutto si perda così?

— Tutto! tutto! — le rispose egli. — Morremo di fame.

— E Maria? Non è figlia tua anche lei? Che colpa ha la povera Maria?

— Ed io? — gridò l'Ajala, levandosi torbido innanzi alla moglie. — Che colpa avevo io? Tu l'hai voluto!

Si frenò, sedette di nuovo; poi riprese con voce cupa:

— Fa' che venga da me tuo nipote, Paolo Sistri. Affiderò a lui la direzione della concerìa. Non c'è più da aver superbia, ora. Voleva Marta in moglie? Se la pigli! Ormai può esser di tutti.

— Oh Francesco!

— Basta così! Manda a chiamar Paolo. Andate via!

Da questo Paolo Sistri, figliuolo d'una sorella defunta della signora Agata, ebbero le tre donne notizia delle prodezze di Rocco Pentàgora, ch'era partito veramente, il giorno dopo lo scandalo, in cerca dell'Alvignani, col professor Blandino e col Madden. A Palermo, Gregorio Alvignani non aveva voluto dapprima accettare la sfida; era anzi riuscito a persuadere al Blandino d'indurre il Pentàgora a ritirarla; ma allora questi lo aveva pubblicamente investito per costringerlo a battersi con lui. E s'era fatto il duello e Rocco aveva riportato una lunga ferità alla guancia sinistra. Ora, da tre giorni, era ritornato in paese in compagnia d'una donnaccia venduta; se l'era portata nella casa maritale, la aveva costretta a indossare le vesti di Marta e, sollevando l'indignazione di tutto il paese, si offriva spettacolo alla gente, conducendosela a passeggio, in carrozza, così parata.

Ebbene, dopo tali notizie, non si smoveva ancora il padre? non riconosceva l'indegnità di quel vile? non si vergognava di sottostare alla condanna infame di colui?

Marta fremeva di sdegno e di rabbia, faceva un continuo violento sforzo su sè stessa per contenersi innanzi alla madre e alla sorella, dall'aria sempre più afflitta e abbattuta.

— Piangi, Maria, ma perchè? — domandò una

mattina, con fare derisorio a la sorella che entrava nella sua cameretta con gli occhi rossi.

— Il babbo.... lo sai! — rispose Maria, a stento.

— Eh, — sospirò Marta. — Che vuoi farci? Forse si riposa. Non fa male a nessuno....

Era senza corpetto, innanzi allo specchio, in piedi: trasse dal capo le forcinelle di tartaruga, e il nero volume dei capelli le cascò fragrante su le spalle, su le braccia nude. Rovesciò indietro il capo e scosse così più volte la bella chioma pesante; poi sedette, e l'omero tondo, candidissimo, levigato, le emerse tra i capelli che s'eran partiti tra il seno e le terga. Su l'omero, il neo di viola, venuto su con gli anni lentamente, come una stella, dalla scapola, ove prima Maria lo aveva scoperto, quando ancora entrambe dormivano insieme.

— Su, pèttinami, Maria.

V.

Lungo lungo, sparuto, dalle gambe sperticate, dal volto sbiancato, pinticchiato di lentiggini, con ciuffetti di peli rossi su le gote e sul mento, Paolo Sistri veniva ora ogni sera a sottomettere all'approvazione dello zio Ajala il rapporto giornaliero dei lavori della conceria.

Dopo circa mezz'ora usciva abbattuto e sbalordito dalla stanza del rinchiuso, e alla zia Agata e a Maria che lo aspettavano ansiose rispondeva ogni volta, piegando da un lato la testa:

— Ha detto che va bene.

Ma dell'approvazione pareva non fosse nè convinto nè soddisfatto, come in sospetto che lo zio lo lodasse per beffa. Si abbandonava su una seggiola, tirava dentro quanto più aria poteva e la soffiava pian piano per le nari, tentennando il capo.

Ormai, sotto l'imbrigliatura d'uomo d'affari, egli aveva rinunziato ad ogni velleità amorosa. Nei primi giorni si mostrò impacciatissimo della presenza di Marta; poi, man mano, si rinfrancò alquanto; parlando, però, si rivolgeva più tosto a Maria o alla zia Agata. Narrava con garbuglio opprimente di parole tutte le peripezie della giornata, e si ripiegava in tutti i versi su la seggiola e girava gli occhi di qua e di là e sudava e inghiottiva. Ogni periodo di quel suo discorso avviluppato restava in aria o sfumava a un tratto in una esclamazione; se però qualcuno, per disgrazia, gli riusciva alla fine senza impuntature, egli lo ripeteva tre e quattro volte, prima di rimettersi alla fatica di figliarne un altro.

La zia mostrava d'ascoltarlo con attenzione, assentiva col capo quasi a ogni parola e spesso, alla fine, sapendo ch'egli ormai non aveva più alcuno in casa, lo invitava a rimanere a cena.

Paolo accettava quasi sempre. Ma erano ben tristi quelle cene in silenzio, interrotte dall'invio del cibo alla stanza del rinchiuso, gelate dall'aspetto di Maria, che ne ritornava ogni volta più afflitta, più oppressa.

Marta osservava ogni cosa con una strana espressione negli occhi, or quasi derisoria, ora sdegnosa. Quel dolore impresso negli altri non era un raffaccio a lei della presunta sua colpa? Spesso si alzava, abbandonava la tavola, senza dir nulla.

— Marta!

Non rispondeva: andava a chiudersi nella sua cameretta. Maria allora, dietro l'uscio, la pregava d'aprire, di ritornare a cena. Ella ascoltava con un misto di dolore e di godimento quelle preghiere insistenti della sorella, e non apriva, nè rispondeva; poi, appena Maria, stanca di pregare inutilmente, andava via, si stizziva contro sè stessa di non aver ceduto e si metteva a piangere. Ma subito il rimorso si cangiava in odio contro il marito. Ah, in quella rábbia di cuore, in quel momento, se avesse potuto averlo fra le mani! E se le torceva, le mani, piangendo, smaniando. E il frutto di quell'uomo, intanto, maturava in grembo a lei.... Sarebbe stata madre, fra poco! Il suo stato le faceva orrore; si dibatteva, cadeva in convulsione; e quelle crisi violente la lasciavano disfatta.

Talvolta Paolo Sistri rimaneva un po', dopo cena, a tener compagnia. Sparecchiata la mensa, si rinfocolava timidamente, intorno a quella tavola, sotto la lampada, un po' di vita familiare. Ma la voce usciva dolente da quelle labbra, quasi paurosa del silenzio imposto alla casa dalla sciagura. Di tratto in tratto Maria si recava in punta di piedi a origliare dietro l'uscio del padre.

— Dorme, — rispondeva, rientrando, alla madre che la guardava in attesa.

E la madre chiudeva gli occhi sul suo cordoglio e sospirava, rimettendosi al lavoro: al corredino per il nascituro,

Bisognava far presto; poichè nessuno, finora, ci aveva pensato, a quel lavoro per il povero innocente che sarebbe venuto al mondo, in quelle condizioni. Ci aveva pensato, da lontano, un'amica d'altri tempi, con la quale la signora Agata, per ordine del marito, aveva rotto ogni relazione.

Si chiamava Anna Veronica, quest'amica. Quando la signora Agata la aveva conosciuta la prima volta, ella viveva insieme con la madre, al cui mantenimento era orgogliosa di provvedere, insegnando nelle scuole elementari. Molti giovani in quel tempo s'eran messi a corteggiarla, sperando di trarre in inganno l'appassionata natura di lei; ma Anna, che veramente si consumava dentro nell'attesa d'un uomo a cui ella avrebbe consacrato il più ardente e devoto amore, s'era saputa sempre difendere. Qualche mazzolino di fiori, lo scambio di qualche letterina, discorsi e sogni, fors'anche qualche bacio carpito; e basta poi.

Pure nell'insidia era caduta una volta, poco dopo la morte della madre, e vi era stata vilmente trascinata dal fratello d'una tra le sue più ricche amiche, in casa delle quali soleva spesso recarsi dopo le interminabili ore di scuola, sempre ben accetta, poichè ella le ajutava nei loro lavori di cucito, le rallegrava con le sue barzellette argute e pronte, e spesso rimaneva da loro a desinare e talvolta anche a dormire.

Quella prima caduta era stata tenuta nascosta con interessata prudenza dai parenti del giovine, così che nulla di preciso n'era trapelato in paese. Anna aveva pianto segretamente la propria giovinezza sfiorita, l'avvenire spezzato, e aveva per qualche tempo sperato nel ravvedimento del giovine. Molte delle amiche, ignare o generose, le avevano conservato la loro amicizia, e fra queste Agata Ajala, allora da poco maritata.

Dopo alcuni anni però, Anna Veronica s'era imbattuta per disgrazia in un altro giovine, malato, malinconico, il quale era venuto ad abitare vicino a lei, in tre stanzette umili e ariose, con un terrazzino pieno di fiori. Costui la aveva chiesta in moglie; ma Anna, onestamente, aveva voluto confessargli tutto; poi non aveva saputo, nè forse potuto, negargli quella stessa prova d'amore già concessa a un altro. Ma questa volta, dopo la disdetta e l'abbandono, era sopravvenuto lo scandalo; poichè Anna s'era incinta del seduttore sentimentale, partito all'improvviso dal paese. Il bimbo, per fortuna, era morto appena nato; Anna, destituita da maestra, aveva per carità ottenuto una misera pensioncina, mercè la quale aveva potuto vivucchiare nella solitudine e nell'ignominia, in cui quel malinconico miserabile la aveva gettata, e s'era rivolta a Dio per perdono.

La signora Agata vedeva spesso in chiesa Anna Veronica, ma fingeva di non accorgersene; Anna intendeva e non se n'aveva per male: levava gli occhi in alto, e in essi e su le labbra le ferveva più viva la preghiera, preghiera nutrita ormai d'amore per tutti, per gli amici e pei nemici, come se toccasse a lei dar prima esempio di perdono.

Avvenuto lo scandalo di Marta, Anna Veronica aveva guardato con altri occhi la signora Agata, le domeniche, a messa. Sapeva che Marta era incinta; e un giorno, uscendo dalla chiesa, s'era accostata umilmente all'amica che pregava ancora e, deponendole in fretta un involtino in grembo, le aveva detto:

— Questo per Marta.

La signora Agata aveva voluto richiamarla; ma Anna s'era voltata appena a salutarla con la mano ed era scappata via. Nell'involtino la signora Agata aveva trovato alcune trine intrecciate all'uncinetto, tre bavaglini ricamati, due cuffiette. N'era rimasta intenerita fino alle lagrime.

Delle molte amiche ch'ella contava, nessuna dopo lo scandalo era rimasta fedele; ma, ecco, in cambio, quest'antica amicizia ora si rannodadava quasi furtivamente. Difatti, la domenica appresso, ella aveva riveduto Anna Veronica in chiesa, le si era seduta accanto e, dopo messa, avevano parlato a lungo, commovendosi ai ricordi della loro antica amicizia e alle vicende e ai tristissimi casi occorsi ad ambedue.

E ora che Francesco Ajala se ne stava sempre rinchiuso, non poteva Anna Veronica venire di nascosto a tener compagnia, ad ajutare come un tempo l'amica nei suoi lavori di cucito?

Poteva, sì. Ed ecco, Anna Veronica attraversava in punta di piedi la stanza attigua a quella del rinchiuso; si liberava del lungo scialle nero da penitente; e, sorridendo a Marta e a Maria con due diversi sorrisi:

— Eccomi qua, figliuole mie, — diceva sottovoce. — Che c'è da fare?

Marta assisteva la sera a quel lavoro amoroso della madre e dell'amica; e spesso, fissando quelle fasce, quelle camicine, quei corpettini, quelle cuffiette nel canestro, gli occhi le s'infoscavano o le si riempivano di tacite lagrime.

Intanto Paolo a bassa voce si sforzava di fare intendere a Maria il congegno della concerìa: la macina ritta per schiacciare le bucce di mortella o di sommacco, le trosce per l'addobbo dei cuoi, il mortajo.... — o le rifaceva la cronaca del paese. Si era sossopra per le imminenti elezioni politiche. Gregorio Alvignani aveva posato la candidatura. I Pentàgora spendevano un banco di denari per combatterlo. Manifesti, galoppini, comizii, giornaletti d'occasione.... Lui, Paolo, non sapeva da qual parte tenere, come regolarsi: per non essere coi Pentàgora, non voleva parteggiare per l'avversario dell'Alvignani; a questo intanto non avrebbe mai dato il suo voto; per l'autorità che gli veniva dalla direzione della conceria, in cui lavoravano più di sessanta operai, non gli pareva ben fatto appartarsi dalla lotta.

La povera Maria fingeva di prestare ascolto, per non dargli dispiacere; e quel supplizio durava per lei una e due ore, spesso.

— Vuoi scommettere, — le disse Marta sorridendo, una sera, prima d'andare a letto, — che Paolo è innamorato di te?

— Marta! — esclamò Maria, arrossendo fin nel bianco degli occhi. — Come puoi pensare a codeste cose?

Marta scoppiò in una stridula risata:

— Che vuoi? Non lo sai? Sono una donna perduta, io!

— Marta! oh Marta mia! per carità! — gemette Maria, nascondendosi il volto con le mani.

Marta allora le afferrò le braccia e, scotendola con violenza, le gridò, accesa d'ira:

— Volete farmi impazzire con codesta tragedia che mi rappresentate attorno? L'avete giurato? Volete farmi andar via? Ditelo una buona volta! Me n'andrò, me ne vado subito via, ora stesso.... Lasciami, lasciami....

Si lanciò verso l'uscio, trattenuta da Maria. Accorse la madre.

— Zitta, Marta, per carità! Piano.... Sei pazza? Dove vuoi andare?

— Giù! Per istrada, a gridar giustizia.... Pazza, sì, pazza!

— Non gridar così.... Tuo padre ti sentirà!

— Tanto meglio! Mi senta! Perchè se ne sta lì rinchiuso? Non per nulla s'è chiuso al bujo: così, come un cieco, mi condanna.... Non voglio, non voglio più star con voi.... Così sarete contenti e felici....

Il pianto a un tratto la vinse: cadde in convulsione e si dibattè fino a tarda notte, vegliata dalla madre e da la sorella.

VI.

Col capo abbandonato su la spalliera dell'ampia poltrona, le belle mani diafane su i bracciuoli, in un'atonia invincibile, Marta ora si affisava a lungo su qualche mobile della camera; e le pareva che soltanto adesso le si chiarisse, ma stranamente, il significato dei singoli oggetti, e li esaminava, ne concepiva quasi l'esistenza astraendoli dalle relazioni tra essi e lei. Poi gli occhi le si fermavano di nuovo su la madre, su Maria, su Anna Veronica, che lavoravano in silenzio davanti a lei; abbassava le pàlpebre, traeva un lungo sospiro di stanchezza.

Così passavano lentissimamente i giorni della triste attesa.

Finalmente una mattina, poco prima di mezzogiorno, le sopravvennero le doglie.

Gelata, con la fronte molle di sudore, si agitava per la camera, non trovava più luogo da schermire lo spasimo; e intanto guardava con terrore la vecchia levatrice e un'altra donna assistente che preparavano il letto. Un fremito di stizza la scoteva tutta a ogni sennato, placido consiglio ch'esse le rivolgevano.

Nella stanzetta accanto, un giovane medico, alto, pallido, biondiccio, chiamato per consiglio della levatrice molto impensierita per lo stato della partoriente, di nascosto disponeva e apparecchiava con minuziosa cura, su un tavolino, fasce, compresse, fiaschi, tubi elastici, strumenti di strana forma. E ogni volta, posando con studiata disposizione l'oggetto preparato, pareva dicesse: — E questo è fatto! — A quando a quando tendeva l'orecchio e sorrideva fra sè per qualche lamento della partoriente.

— Mamma, muojo! — nicchiava Marta, agitando continuamente, regolarmente la testa da un lato all'altro. — Mamma, muojo! Ah, mamma! ah, mamma!

E stringeva forte un braccio della madre, che la sorreggeva guardandola con infinita pietà tra le lagrime che le rigavano il volto, dilaniata dai gemiti sordi o acuti, dal mugolìo continuo della figlia: lì, addossate tutt'e due ad un angolo della camera, come se lì soltanto ella potesse soffrir meno.

Maria s'era ritirata con Anna Veronica in una stanza lontana, prossima a quella del padre, e Anna a bassa voce procurava di calmar l'ansia e l'impazienza di lei.

— Quando il bambinello verrà con la sua manina a battere a quell'uscio, chiamando *Nonno! nonno!* con l'odor del latte nella vocina, ah, voglio vedere se non aprirà! Aprirà.... E allora, figliuola mia, io non potrò più venire da voi, è vero; ma non importa! Io prego ogni sera il mio Gesù che vi faccia questa grazia.

Improvvisamente, barcollando, urlando, con le braccia levate, furibonda dagli spasimi e dalla paura, irruppe in quella stanza Marta, discinta, scarmigliata, inseguita dalla madre e dalle donne assistenti. Maria, Anna Veronica si levarono spaventate e le corsero dietro anch'esse. Marta andò a urtare contro l'uscio del padre e, battendovi con la testa e con le mani, chiamava, supplicava:

— Babbo! Apri, babbo! Non mi far morire così! Apri, babbo! Muojo, perdonami!

Le donne, piangendo, gridando, cercavano di strapparla di là. Il medico la prese per le braccia.

— Codeste son pazzie, signora! Via, via: il babbo verrà; si lasci condurre....

Le donne la circondarono, la tolsero quasi di peso, la trascinarono nella camera del travaglio.

Quivi la adagiarono sfinita su i guanciali.

Poco dopo, Maria, ch'era ritornata a origliare all'uscio del padre, entrò nella camera della sorella, con faccia stravolta, tutta tremante, a chiamar la madre, la condusse all'uscio del rinchiuso e, tendendo di nuovo l'orecchio, le disse:

— Senti? senti? Mamma, senti?

Veniva dalla stanza, attraverso l'uscio, un romor sordo, continuo, come un rugliar di cane aizzato.

— Francesco! — chiamò forte la signora Ajala.

— Babbo! — chiamò Maria, lì lì per piangere.

Nessuna risposta. La madre afferrò con mano convulsa la gruccia dell'uscio e spinse e scosse: invano. Attese: il rantolo continuava, crescente come in un ringhio.

— Francesco! — chiamò di nuovo.

— Mamma! oh mamma.... — fece Maria, presaga, torcendosi le mani.

La signora Ajala diede allora una spallata all'uscio resistente; una seconda; alla terza l'uscio cedette.

Nella camera al bujo giaceva Francesco Ajala, bocconi sul pavimento, con un braccio proteso, l'altro storto sotto il petto.

Al grido acutissimo della madre e di Maria rispose dalla camera della partoriente come un ùlulo lungo, ferino. Accorse Anna Veronica, accorse il medico; si spalancarono le imposte; e il corpo inerte, fulminato di Francesco Ajala fu deposto con inutile cautela sul letto e messo quasi a sedere, sorretto da guanciali.

— Non gridino, per carità, non gridino! — scongiurò il medico. — O ne perderanno due!

— Dunque è perduto? — gridò la signora Ajala.

Il medico fece un gesto disperato, e prima di accorrere alla camera della partoriente ordinò alla serva di recarsi per un altro medico, subito, alla prossima farmacia.

Maria, piangendo, asciugava con un fazzoletto su la faccia congestionata del padre il sangue che gli usciva da una lieve ferita alla fronte. Ah se questo solo fosse stato il male! Pure ella metteva tutta l'attenzione, tutto il suo amore, nell'arrestare quelle poche stille di sangue, come se da questo soltanto dipendesse la salvezza del padre. La madre pareva impazzita: voleva a ogni costo che il marito parlasse, e l'abbracciava e gli stringeva le mani diacce, già morte. Francesco Ajala, terreo in volto, continuava a rantolar sordamente, con la bocca spalancata e gli occhi chiusi.

Accorse l'altro medico, ch'era un omacciotto calvo, bircio d'un occhio.

— Largo! che c'è? Mi lascino vedere.... Eh! — fece, con voce oppressa da intasamento nasale, percotendosi le anche. — Povero signor Francesco! Ghiaccio, ghiaccio.... Qui, alla farmacia dirimpetto, carte senapate, una vescica.... Chi va?

chi corre? Si levino d'attorno al letto.... aria! aria! Povero signor Francesco....

Giunse attraverso gli usci chiusi, un grido prolungato, quasi di rabbia furibonda. Il medico si volse di scatto; tutti per un attimo si distrassero e attesero.

— Povera figlia mia! — potè finalmente gemere la signora Agata, rompendo in singhiozzi.

Allora le altre donne piansero e gridarono insieme. Il medico si guardò intorno smarrito, sbalordito, si grattò con un dito il cranio, poi sedette e si mise a far rincorrere i due pollici delle mani intrecciate sul ventre.

Una lagrima solcò lentamente il volto del moribondo e si arrestò ai folti baffi grigi.

Ogni rimedio fu vano.

L'agonia durò fino a sera. Solo quel rantolo continuo, monotono, attestava un ultimo resto di vita in quel corpo gigantesco, ripiegato quasi a sedere sul letto.

Sul tardi, la signora Agata pensò a Marta, e si recò alla camera di lei. Fu colpita, nell'aprir l'uscio, dall'odore dell'ammoniaca e dell'aceto. Aveva ella dunque partorito?

Marta giaceva immobile, cerea, su i guanciali, e pareva esanime. La donna assistente reggeva, china su la puerpera, una compressa, e il medico, pallidissimo, sbracciato, buttava fiocchi di ovatta insanguinata in un catino per terra.

— Di là, — diss'egli alla madre, accennando l'uscio della stanza attigua.

La signora Agata, in silenzio, prima d'entrar nell'altra stanza, come un automa, guardò la figlia.

— Morto.... — bisbigliò questa, come a sè stessa, con voce vuota d'espressione, quasi non le fosse venuta da più lontano che dalle labbra.

La levatrice mostrò di là alla madre un mostricciattolo quasi informe, tra la bambagia, livido, odorante di musco.

— Morto....

Dalla via sottostante giunse il suono stridulo d'un campanello e un coro nasale, quasi infantile, di donne in frettolosa processione:

Oggi e sempre sia lodato
Nostro Dio sagramentato....

— Il Viatico! — disse la vecchia levatrice, segnandosi e inginocchiandosi, col morticino tra le braccia, in mezzo alla stanza.

La signora Agata uscì in fretta, accorse alla sala d'ingresso, mentre già entrava il prete parato, con la pisside in mano, e un uomo che gli veniva dietro, con gli occhi quasi spiritati di paura, chiudeva il baldacchino. Il sagrestano con un tabernacoletto tra le braccia seguì il prete nella camera del moribondo. Le donne e i fanciulli che accompagnavano il Viatico s'inginocchiarono nella saletta, parlottando tra loro.

Francesco Ajala non intese, non comprese nulla; ricevette soltanto l'estrema unzione e, presente ancora il prete, spirò.

Appena giù per la strada, il suono stridulo del campanello e il rosario delle donne si confusero con le grida clamorose e gli applausi d'una folla di schiamazzatori, i quali, con una bandiera in testa, esaltavano la proclamazione di Gregorio Alvignani a deputato.

VII.

Dopo il parto, Marta stette circa tre mesi tra la vita e la morte.

Provvidenza divina, questa malattia, diceva Anna Veronica. Sì, perchè, altrimenti, le due povere superstiti, la vedova e l'orfana, sarebbero certo impazzite. Invece, nella lotta disperata contro quel male che sembrava invincibile, le loro labbra, che pareva non avessero dovuto mai più sorridere, sorrisero due mesi appena dopo la morte quasi violenta del capo della casa, ai primi accenni della convalescenza di Marta.

Instancabile, Anna, dopo tante veglie, recava adesso ogni mattina alla convalescente piccole immagini odorose di santi, contornate di carta trapunta, punteggiate d'oro, con nimbi d'oro.

— Qua, — diceva, — entro la busta, sotto il guanciale: — ti guariranno: son benedette.

E mostrandole i due santi patroni del paese, San Cosimo e San Damiano, con le tuniche fino ai piedi, la corona in capo e le palme del martirio in mano; i due santi miracolosi, di cui presto sarebbe ricorsa la festa popolare, e al quali ella aveva promesso un'offerta per la guarigione di Marta:

— Questi, — soggiungeva, — valgono più del tuo medico spelato, con un occhio a Cristo e l'altro a San Giovanni.

E contraffaceva il medico e la voce di lui oppressa dal perenne intasamento nasale: — “*Soffro di litiasi, signora mia!*” — Che sarebbe? — “*Mal di pietra, signora mia, mal di pietra!*”

Marta sorrideva dal letto pallidamente, seguendo con gli occhi i versi di Anna, e anche Maria e la madre sorridevano.

La sera, prima di tornarsene a casa, Anna recitava il rosario con la signora Agata e con Maria, nella camera di Marta.

La malata ascoltava il borbottìo della preghiera nella camera debolmente rischiarata da un lume guarnito d'una ventola di mantino verde; guardava le tre donne inginocchiate, curve su le seggiole, e spesso, alla litanìa, rispondeva anche lei alle invocazioni di Anna Veronica:

— *Ora pro nobis.*

Quel senso di serenità, fresca, dolce e lieve, che suol dare la convalescenza, le si turbava al sopravvenir della sera. Le pareva che quel lume riparato dal mantino verde fosse poco, troppo poco contro l'ombra che invadeva la casa; e un'ambascia cupa, un'oscura costernazione, un' impressione di vuoto, di sgomento sentiva venirsi dalle altre stanze, in cui spingeva trepidante, dal letto, il pensiero: sùbito ne lo ritraeva, affisando di nuovo gli occhi al lume, per sentirne il conforto familiare. In quell' ombra, in quel bujo delle altre stanze, il padre era scomparso. Di là egli, ormai, non c'era più. Nessuno più, di là.... L'ombra. Il bujo. Che incubo, è vero, era egli stato per lei! Ma a qual prezzo, ora, se n'era liberata.... La cupa ambascia, l'oscura costernazione, il senso di vuoto, di sgomento, non le venivano piuttosto dal pensiero di lui?

— *Ora pro nobis.*

Spesso si addormentava con la preghiera su le labbra. La madre le giaceva a fianco, su lo stesso letto; ma stentava tanto ella, ogni sera, a prender sonno, non solo per il ricordo vivo e straziante del marito, ma anche per la preoccupazione assidua in cui la teneva il nipote, Paolo Sistri, a cui era affidata ormai l'esistenza della famiglia.

Paolo, dopo la disgrazia, non veniva più, puntualmente, ogni sera. Bisognava che la zia mandasse a chiamarlo due e tre volte per aver notizie della conceria; e, quando finalmente si risolveva a venire, appariva più abbattuto e sbalordito di prima.

Una sera le si presentò con la testa fasciata.

— Oh Dio, Paolo, che t'è accaduto?

Niente. In una stanza della concerìa, al bujo, qualcuno (e forse a bella posta!) s'era dimenticato di richiudere la.... come si chiama? sì.... la.... la caditoja, ecco, su l'assito, ed egli, passando, patapùmfete! giù: aveva ruzzolato la.... la come si chiama di legno.... la scala della cateratta, già! Per miracolo non era morto. Ma tutto bene, benone, alla concerìa. Forse però, ecco.... sarebbe stato meglio tentare adesso una certa concia alla francese.... quella tal maniera di concia per la quale.... ecco, già! si adopera in polvere la, come si chiama.... la scorza di leccio, di sughero e di cerro; mentre, alla maniera nostrana, con la vallonea spenta nell'acqua di mortella....

— Per carità, Paolo! — lo interrompeva la zia, a mani giunte. — Non facciamo novità! Andava tanto bene la concia all'uso nostro finchè ci badò la buon'anima....

— Gesù! che c'entra? — le rispondeva Paolo, saccente, ora che lo zio non c'era più. — È un'altra cosa! Perchè.... vede com'è? Si piglia.... prima che si pigliava? L'acqua cotta. Oh, e ora si piglia l'acqua pura.... aspetti! con la polvere di leccio, oppure....

E seguitava per un pezzo, imbrogliandosi, rifacendosi daccapo, a spiegare alla zia quella benedetta concia in rammorto, alla francese.

— Mi sono spiegato?

— No, caro. Ma forse non comprendo io. Mi raccomando: attenzione!

— Lasci fare a me.

E veramente per lui non mancava. Notte e giorno, in continua briga: di giorno, ora qua, ai calcinai, per sorvegliare la bolleratura; ora là, alle trosce, pei bagni; poi, ai cavalletti, per la pelatura e la scarnatura de le pelli, e così via: di notte, lì, su i libri di cassa, a far conti. Sentiva su le quattro cantare i galli.... Che ne sapeva sua zia? I galli, parola d'onore, alle quattro.... E lui ancora in piedi! L'inchiostro del calamajo non rispettava nessuno delle sue dieci dita, e n'aveva pur cenciate sul naso e su la fronte.

— La vorrei qua, a vedere! — sbuffava, in maniche di camicia, col capo rovesciato su la spalliera del seggiolone come se volesse trovar le cifre del conto tra i ragnateli del soffitto, a cui, distraendosi, voleva far giungere il fumo, che tirava a gran boccate dalla pipa: — *fffff*.

Per la strada, intanto, nel vasto edificio, silenzio di tomba. Su la parete nuda, ingiallita, la candela verberava il lume tremolante a ogni sbuffo di Paolo, la cui ombra si protendeva enorme e mostruosa sul pavimento.

— Puah! Alla faccia di.... — e nominava un

creditore, scaraventando uno sputo contro la parete.

Un ragno gli passava sotto gli occhi, zitto zitto, come impaurito dal lume, traballando leggermente su le otto lunghe esilissime gambe. Paolo aveva ribrezzo di questi animaletti, come le donne dei topi. Subito scattava in piedi, si levava una pantofola, e pàffete! — schiacciava con la suola il ragno; poi, col volto atteggiato di schifo, stava un po' a mirar la vittima così appiccicata alla parete.

Dopo la morte dello zio, aveva piantato tenda definitivamente alla conceria. Vi mangiava e vi dormiva; e in quella stanzaccia intanfata non permetteva che entrasse mai alcuno. Lui si apparecchiava da mangiare, lui il letto, tutto lui; ma glien'andasse mai una bene! Cercava le posate? — la carne gli s'abbruciava sul fuoco. Voleva bere? — trovava scandelle a galla sul vino. Chi aveva versato olio nel suo bicchiere?

— Puah! Mannaggia....

E restava con la lingua fuori e il volto atteggiato di schifo.

Ma era niente, questo. Quel che gli toccava combattere con un nugolo di corvi piombati su la conceria dopo la morte dello zio! Difendeva con feroce zelo gl'interessi della povera vedova, il cortile della conceria rimbombava delle sue liti rumorose, violente; ma alla fine doveva cedere e pagare e pagare. Intanto la vendita scemava di giorno in giorno; crescevano i debiti e i reclami; i mercanti di cuojame disdicevano gl'impegni e rimandavan la merce e si rivolgevano altrove. La zia, ignara, gli domandava ogni mese, per l'andamento di casa, quella somma che era solita di prendere per l'addietro, come se gli affari andassero bene allo stesso modo; e lui, che non si sentiva il coraggio di esporle il miserando stato delle cose, s'adoperava in tutti i modi perchè, ogni mese, non mancasse almeno il denaro per lei.

Marta finalmente s'era levata di letto, e già moveva i primi passi, sorretta dalla madre e da Maria, dalla poltrona a pie' del letto fino allo specchio dell'armadio.

— Come sono, mio Dio!

Levava un braccio dal collo di Maria e si ravviava con la bianca mano tremolante i capelli da la fronte, lievemente, e sorrideva guardandosi negli occhi, quasi con smarrita pietà per le sue povere labbra arse dal cociore di tante febbri. Poi andava a sedere nel seggiolone di cuojo presso la finestra. Veniva Anna Veronica e le parlava con la sua naturale dolcezza dei vespri di maggio consacrati alla Madonna: — La chiesa fresca, tutta fragrante di rose; poi la benedizione, e infine le canzonette sacre cantate al suono dell'organo: gli ultimi raggi aurei del sole entravano in chiesa pei larghi finestroni aperti in alto, e anche qualche rondine entrava e svolava di qua, di là, smarrita, mentre fuori garrivan le altre con ebbra possa, inseguendosi.

Marta ascoltava con l'anima quasi alienata dai sensi.

— Ti ci condurremo noi, andremo tutt'e quattro insieme, prima che finisca il mese, intendi? Oh starai bene, non dubitare.

Ma ella diceva di no, che non le sarebbe stato possibile.

— Sì, la chiesa, a due passi; ma se ancora non mi reggo.... non mi reggo....

La terza domenica di maggio, dopo la funzione sacra, Anna accorse, esultante, dalla chiesa.

— A te, a te, Marta! Uscita in sorte a te!

— Che cosa? — domandò Marta, guardando quasi sgomenta dal seggiolone.

— La Madonna! La Madonna: a te! Senti? Te la portano cantando le Figlie di Maria. Senti il tamburo? La Madonna ti viene in casa!

Nelle domeniche di maggio, in chiesa, dopo la predica e la benedizione, si faceva tra i divoti il sorteggio d'una Madonnina di cera custodita in una campana di cristallo.

— E come? come mai? — diceva Marta, tutta

confusa, sentendo appressare vieppiù alla casa il coro delle divote e il rullo del tamburo.

— Io, tutte le domeniche, ho preso un numero per te. Oggi il cuore me lo diceva: Uscirà in sorte a Marta! E così è stato. Ho gettato un grido di contentezza così forte nella chiesa, che tutti si sono voltati. Ecco la Madonna che viene a visitarvi.... Eccola, eccola, Vergine santa!

Entrò nella stanza una commissione di fanciulle che avevan tutte sul seno una medaglina pendente da un nastro azzurro; entrò il sagrestano della chiesa con la Madonna di cera entro la campana di cristallo, che tra le grosse mani scabre e nere pareva anche più fragile. Per la scala rullava fragorosamente il tamburo.

Quelle fanciulle erano abituate a sorridere tutte a un modo, guardando e udendo le espressioni di giubilo con cui i divoti accoglievano la Madonnina: vedendo ora Marta rimaner seduta, pallida, stordita dalla commozione troppo forte per le sue deboli forze, rimasero dapprima un po' sconcertate, poi le si appressarono e presero a parlarle, ripetendo ognuna le parole dell'altra: — " Adesso sarebbe guarita, certo.... La Madonna.... La visita della Madonna.... Via, medici, medicamenti.... "

Il rullo del tamburo era intanto cessato: la signora Ajala aveva regalato qualche soldo al tamburino, altri ne regalò al sagrestano, e poco dopo la casa fu sgombra.

Marta non si saziava d'ammirar la Madonnina su le sue ginocchia, reggendola con le mani ceree su la campana.

— Com'è bella! com'è bella! Oh Maria!

E veramente, prima che finisse il mese, potè recarsi in chiesa a ringraziar la Madonna, in compagnia d'Anna Veronica, della madre e de la sorella.

VIII.

“Mio buon Gesù, voglio riconciliarmi con Voi, confessando al Vostro ministro tutti i peccati coi quali V'ho offeso. Grande miseria è la mia, se tanto facile m'è dimenticarmi di Voi. Ingrata, non so vivere senz'offender Voi, Padre mio e mio amabile Salvatore. E ora che mi sento colpevole, mi accuso, mi pento, imploro misericordia da Voi. Piangi, mio cuore, che hai offeso Dio, il quale tanto ha sofferto pe' tuoi peccati. Ricevete, o Signore, questa mia confessione; gradite, avvalorate con la grazia Vostra il mio atto di contrizione e il proponimento del cuor mio, che mi fa ripetere con Santa Caterina da Genova: — Amor mio, non più mondo, non più peccati; ma amore, fedeltà, obbedienza ai Tuoi santi comandamenti. — In nome del Padre, del Figliuolo e dello Spirito Santo. Così sia. „

Segnatasi e chiuso il libro delle preghiere, Marta rivolse uno sguardo angoscioso al confessionale, innanzi al quale, dall'altra parte, stava inginocchiata una vecchia penitente venuta prima di lei. Da quest'altra parte, il legno del confessionale, tutto a forellini, levigato e giallognolo, serbava l'impronta opaca di tante fronti di peccatori. Marta lo notò con un certo ribrezzo, e si tirò ancora di più sul capo il lungo scialle nero, fin quasi a nascondersi il volto. Era pallidissima, e tremava.

La chiesa, deserta, aveva un silenzio misterioso, assorbente, nella cruda immobile frescura insaporata d'incenso. La solenne vacuità dell'interno sacro, quasi sospeso agl'immani pilastri, alle ampie arcate, dava all'anima, in quella penombra, un senso d'oppressione. Tutta la navata di centro era occupata da due ali di seggiole impagliate, disposte in lunghe file sul pavimento polveroso, ineguale per le antiche pietre tombali, logore.

Marta stava inginocchiata su una di queste pietre, e aspettava che quella vecchia penitente le cedesse il posto nel confessionale.

Quanti peccati, quella vecchia! Ma suoi o della miseria? e quali mai? Il vecchio confessore li ascoltava attraverso i forellini del legno, con volto impassibile.

Marta chinò gli occhi e, per distrarsi, cercò di decifrare l'iscrizione funeraria in parte svanita sulla pietra dalla logora effigie. Lì sotto, uno scheletro.... Che importava più il nome? Ma come e quanto più raccolto, più sicuro, più protetto, nella pace solenne d'una chiesa, appariva il riposo della morte!

Le due ali di seggiole s'allungavano fino alle colonne che reggevano sul nartece la cantoria. Dietro queste colonne eran due lunghe panche, su una delle quali Marta, entrando, aveva veduto un vecchio contadino con le braccia incrociate sul petto, rapito nella preghiera, con gli occhi risecchi dagli anni, infossati. Oh quelle mani scabre, terrose, quel collo da la floscia giogaja divisa da un solco nero, dal mento giù giù fin sotto alla gola, e quelle tempie schiacciate, quella fronte angusta, increspata sotto l'ispida canizie! Di tratto in tratto il vecchietto tossiva, e quei colpi di tosse rimbombavano cupamente nel silenzio della chiesa deserta.

Dai finestroni in alto entrava a colpire a fasci i grandi affreschi della vôlta l'ardente pallore in cui il giorno moriva tra uno sbaldore assordante di rondini.

Marta era venuta in chiesa per consiglio di Anna Veronica. Ma cominciava già, in quella lunga attesa, ad avere di sè stessa, inginocchiata lì, come una mendicante, una penosissima impressione. Intendeva in Anna tutta quell'umiltà, fonte per lei di tanta serena dolcezza; Anna era veramente caduta; aveva perciò cercato e trovato nella fede un conforto, nella chiesa un rifugio. Ma lei? Aveva la coscienza sicura, lei, che non sarebbe mai venuta meno ai suoi doveri di moglie, non perchè stimasse degno di tale rispetto il marito, ma perchè non degno di lei stimava il tradirlo, e che mai nessuna lusinga sarebbe valsa a strapparle una anche minima concessione. La gente, ora, vedendola lì in chiesa, umile e prostrata, non avrebbe supposto ch'ella avesse accettato come giusta la punizione e che s'inginocchiasse innanzi a Dio, a mendicare ajuto e rifugio, perchè non si riconosceva più il diritto di levarsi in piedi e a fronte alta innanzi agli uomini? Non per questi, è vero, non per la punizione immeritata, non per la sciagura del padre, di cui lei non voleva riconoscersi cagione, si era lasciata indurre da Anna a venire in chiesa per confessarsi; ma per sè, per aver lume e pace da Dio. Che avrebbe detto però, tra poco, a quel vecchio confessore? Di che doveva pentirsi? Che aveva fatto, qual peccato commesso da meritare tutti quei castighi, quelle pene, e l'infamia, la sciagura del padre e del figliuolo, il perpetuo lutto in casa, e forse la miseria, domani? Accusarsi? pentirsi? Se male aveva fatto, senza volerlo, per inesperienza, non lo aveva scontato a dismisura? Certo quel sacerdote le avrebbe consigliato d'accettare con amore e con rassegnazione il castigo mandato da Dio. Ma da Dio, proprio? Se Dio era giusto, se Dio vedeva nei cuori.... Gli uomini, piuttosto.... Strumenti di Dio? Ma ricevono da Dio forse la misura del castigo? Eccedono, o per bassezza di spirito o per aberrazione d'onestà.... Accettare umilmente la condanna, senza ragionarla, e perdonare? Avrebbe potuto ella perdonare? No! No!

E Marta levò il capo e guardò la chiesa, come se a un tratto vi si trovasse smarrita. Quel silenzio, quella pace solenne, l'altezza di quella vôlta, e là quel confessionale piccolo, e quella vecchia prostrata e quel confessore immobile, impassibile, tutto le si allontanò improvvisamente dallo spirito rivoltato, come un sogno vano in cui ella, nel torpore della coscienza, fosse penetrata e che ora, risentendo la cruda e dolorosa sua realtà, vedesse dileguare.

Si alzò, ancora perplessa; sentì mancarsi le gambe, ebbe come una vertigine, si portò una mano a gli occhi, e con l'altra si sorresse a una seggiola; poi attraversò quasi vacillante la chiesa. Su la panca, sotto la cantoria, vide ancora il vecchietto, nella stessa positura, con le braccia incrociate sul petto, assorto nella preghiera, estatico.

Fino a casa si portò nell'anima l'immagine di lui.

Quella fede ci voleva! Ma non poteva averla lei. Lei non poteva perdonare. Dentro il cranio, il cervello le si era ormai ridotto come una spugna arida, da cui non poteva più spremere un pensiero che la confortasse, che le desse un momento di riposo.

Era fantastica, forse, questa sensazione; ma le cagionava intanto un'angoscia vera, che invano cercava sfogo nelle lagrime. Quante, Dio, quante ne aveva versate! Ora, ecco, neanche di piangere le riusciva più. Sempre quel nodo, sempre, irritante, opprimente, alla gola. Vedeva addensarsi, concretarsi intorno a lei una sorte iniqua, ch'era ombra prima, vana ombra, nebbia, che con un soffio si sarebbe potuta far sparire: diventava macigno e la schiacciava, schiacciava la casa, tutto; e lei non poteva più far nulla contro di essa. Il fatto.... c'era un *fatto*.... qualcosa ch'ella non poteva più rimuovere.... enorme per tutti, per lei stessa enorme, che pur lo sentiva nella propria coscienza inconsistente, ombra, nebbia, divenuta macigno: e il padre che avrebbe potuto scrollarlo con fiero disprezzo, se n'era lasciato invece schiacciare per il primo. Era forse un'altra, lei, dopo quel *fatto?* Era la stessa, si sentiva la stessa; tanto che non le pareva vero, spesso, che la sciagura fosse avvenuta. Ma s'impietriva anche lei, ora, cominciava a non poter sentire più nulla: non cordoglio per la morte del padre, non pietà per la madre e per la sorella, nè amicizia per Anna Veronica: nulla, nulla!

Tornare in chiesa? E perchè? Pregava, e la preghiera era solamente un vano agitarsi delle labbra, il senso delle parole le sfuggiva. Spesso, durante la messa, si sorprendeva intenta a guardare i piedi del sacerdote su la predella dell'altare, le brusche d'oro della pianeta, i merletti del messale; poi, all'elevazione, destata dal rumorio delle seggiole smosse, dallo scampanellìo argentino, si alzava anche lei e s'inginocchiava, guardando stupita certe vicine che si davano pugni rintronanti sul petto, piangendo lacrime vere. Perchè?

Per sottrarsi al vaneggiamento in cui ogni suo pensiero, ogni sentimento naufragava, provò se le riusciva di rimettersi allo studio, o almeno a leggere. Riaprì i vecchi libri abbandonati, e n'ebbe un'indicibile tenerezza. Le memorie più dolci rivissero e quasi le palpitarono sotto gli occhi: rivide la scuola, le varie classi, le panche, la cattedra: ecco, ad uno ad uno, tutti i professori che si susseguivano nel giro delle lezioni, e poi il giardino della ricreazione, il chiasso, le risa, le passeggiate a braccetto pei vialetti tra le compagne più care: poi il suono della campana, e la classe di nuovo; il direttore, la direttrice.... le gare.... i castighi.... Sul tavolino le stava aperto sotto gli occhi un libro, un trattato di geografia; sfogliò alcune pagine: sul margine di una, un segno, e queste parole scritte di sua mano:

— *Mita, domani partiremo per Pekino!* — Mita Lumla.... Che abisso ora tra lei e quella compagna di collegio!

Come mai in certe anime non sorgeva alcuna aspirazione a levarsi un po' sopra gli altri, foss'anche in una minima cosa?

Questo, su per giù, Marta aveva notato in tutte le sue compagne di scuola, questo notava in sua sorella, nella buona Maria. Suo marito era poi proprio dell'armento, e lieto e pago di appartenervi. Oh se ella avesse seguitato gli studii! A quest'ora!

Si ricordò di tutte le lodi che i professori le avevano fatto, e anche.... sì, anche delle lodi che *un altro* le aveva fatte.... l'Alvignani, per le risposte alle sue lettere.... Che gli aveva risposto? Aveva discusso con lui delle condizioni della donna nella società.... "Ella sa accomodare i sensi acutissimi — le aveva scritto in una delle sue lettere l'Alvignani, — i sensi acutissimi all'osservazione della realtà „. — La aveva fatto ridere tanto questa lode. E quell'*accomodare* i sensi!... Forse era detto bene.... perchè, cultissimo, l'Alvignani.... ma scriveva, secondo lei, troppo dipinto; mentre, quando parlava.... Oh, a Roma, lei, se non l'avessero così incatenata!... A Roma, moglie di Gregorio Alvignani, in altro ambiente, largo, pieno di luce intellettuale.... lontano, lontano da tutto quel fango....

Chinava il capo su i libri, animata improvvisamente dall'antico fervore, quasi per un bisogno irresistibile di rinutrire comunque un'aspirazione che pur non resisteva al minimo urto della realtà: al cigolar dell'uscio, quand'ella doveva recarsi nelle altre stanze, ove erano la madre e la sorella vestite di nero.

Di ciò che avvenisse in famiglia, non sapeva nulla. Aveva notato soltanto che la madre e Maria la guardavano, come se volessero nasconderle qualcosa: un'impressione, un sentimento. Non erano forse contente ch'ella se ne stesse quasi tutto il giorno appartata? La scusavano? la compativano? La madre aveva spesso gli occhi rossi di pianto; Maria s'assottigliava sempre più, spighiva, aveva preso un'aria sbalordita, una gramezza che affliggeva. Per farle piacere, le domandava:

— Andiamo in chiesa, Maria?

Questa domanda per la sorella significava:

— Andiamo a pregare per il babbo? — E rispondeva di sì, e andavano.

Un pomeriggio, uscendo dalla chiesa, furono

prese d'assalto da un ragazzetto quasi tutto ignudo, con la camicina soltanto, sudicia, che gli cadeva a sbrendoli su le gambette magre, terrose; il visetto, giallo e sporco. Con una manina egli afferrò lo scialle di Marta e non volle più lasciarlo, pregando che gli facessero la carità: era figlio di un muratore caduto dalla fabbrica.

— È vero, — confermò Maria. — Ieri, da una impalcatura. S'è rotto un braccio e una gamba.

— Vieni, vieni con me, povero piccino! — disse allora Marta, avviandosi.

— No, Marta.... — fece Maria, guardando pietosamente la sorella; ma subito abbassò gli occhi, come pentita, contrariata.

— Perchè? — le domandò Marta.

— Nulla, nulla.... andiamo.... — rispose frettolosamente Maria.

Giunte a casa, Marta domandò alla madre qualche soldo per quel ragazzo.

— Oh figlia mia! Non ne abbiamo più neanche per noi....

— Come!

— Sì, sì.... — seguitò tra le lagrime la madre. — Paolo è scomparso da due giorni; non si sa dove sia.... La conceria chiusa; vi hanno apposto i suggelli.... È la nostra rovina! State qui, figliuole mie. Diglielo tu, Maria. Io debbo recarmi subito dall'avvocato.

IX.

Prima dell'alba del giorno appresso furono destate di soprassalto da uno strepito indiavolato giù per la strada: urli, grida scomposte che andavano al cielo, fischi spaventevoli di buccine marine.

— I pescatori.... — disse Maria, quasi tra sè, in un sospiro, nel bujo della camera.

Eh sì: quello era il giorno della festa dei santi Patroni del paese. Chi ci aveva pensato?

Come ogni anno, su dalla borgata marina venivano in tumulto, su lo spuntar del giorno, i così detti *pescatori*: quasi tutta la gente che abitava in riva al mare, non dedita alla pesca soltanto. A loro, a gli abitanti della borgata, era serbato per antica abitudine l'onore di portare in trionfo per le vie della città il fèrcolo de' due santi Patroni, che appunto nel mare avevano sofferto il loro primo martirio, e su i marinai perciò facevano valere più specialmente la loro protezione.

Così ogni anno la città era destata da quell'invasione fragorosa, come dal mare stesso in tempesta. Lungo le vie si schiudevano le finestre frettolosamente, da cui si sporgevano braccia nude, subito ritirate, e facce pallide di sonno, avvolte in vecchi scialli, in cuffie, in fazzoletti.

Nessuna delle tre sconsolate pensò di scendere dal letto. Rimasero con gli occhi aperti nel bujo, e a ciascuna passò innanzi alla mente la visione di quegli energumeni giù per la via, tra il fumo e le fiamme sanguigne delle torce a vento squassate, vestiti di bianco, in camicia e mutande, coi piedi scalzi, una fascia rossa alla vita, un fazzoletto giallo legato intorno al capo. Tant'altre volte, negli anni lieti, li avevano veduti.

Passata quella furia infernale, la strada ricadde nel silenzio notturno; ma si ravvivò poco dopo festivamente. Maria affondò la faccia nel guanciale e si mise a piangere in silenzio, angosciata dai ricordi.

S'intese il primo grido degli scalzi miracolati:

— *Il Santo delle grazie, divoti!*

Eran ragazzi, giovinotti, uomini maturi, che per miracolo de' SS. Cosimo e Damiano (di cui il popolo faceva un santo solo in due persone) si ritenevano scampati da qualche pericolo o guariti da qualche infermità, e che, ogni anno, per voto, andavano in giro per il paese, in peduli, vestiti di bianco come i *pescatori*, e con un vassojo innanzi sostenuto da una fascia di seta a tracolla. Sul vassojo erano immagini dei due Martiri, da uno, da due, da tre soldi e più.

— *Il Santo delle grazie, divoti!*

Salivano nelle case per vendere quelle immagini; ricevevano dalle famiglie, in adempimento dei voti, offerte d'uno o più ceri dorati, d'uno o più galletti infettucciati; offerte e quattrini recavano d'ora in ora alla Commissione dei festajoli nella chiesetta dei Santi.

Oltre ai ceri e ai galletti, offerte maggiori andavano a quella chiesa pompaticamente, a suon di tamburi: agnelli, pecore, montoni, anch'essi infettucciati, dal vello candido, pettinato, e frumentazioni su muli parati con ricche gualdrappe e variopinti festelli.

Nelle prime ore del mattino giunse Anna Veronica, vestita di nero, al solito, col lungo scialle da penitente. Bisognava adempiere al voto fatto durante la malattia di Marta: recare alla chiesa le due torce promesse e la tovaglietta ricamata.

E Marta doveva andare con lei. Nello scompiglio di quegli ultimi giorni, dopo la fuga di Paolo, ella non aveva pensato ad avvertirne Marta, la vigilia.

— Su, su, figliuola, fatti coraggio. A un voto non si può mancare.

Marta, tutta chiusa in sè, come avvolta in un silenzio tetro, le rispose subito, urtata:

— Non vengo.... lasciami! Non vengo.

— Come! — esclamò Anna. — Che dici?

E guardò, ferita, Maria e l'amica.

— Avete ragione, sì. — rispose, scrollando il capo. — Ma chi può ajutarci?

Marta sorse in piedi.

— Debbo dimostrarmi grata per giunta, è vero? della grazia che ho ricevuto, guarendo....

— Ma è facile morire, figliuola mia, — sospirò Anna Veronica, socchiudendo gli occhi. — Se sei rimasta in vita, non ti par segno che Dio ti vuol viva per qualche cosa?

Marta non rispose; come se queste parole dell'amica, pronunciate con la consueta dolcezza, avessero risposto a un suo segreto sentimento, a un segreto proposito, corrugò le ciglia e s'avviò per la sua camera.

— Ti servirà anche di svago, — aggiunse Anna.

Giù per le vie era un gran fermento di popolo. Dalla marina, dai paeselli montani, da tutto il circondario, era affluita gente in numerose comitive, che ora procedevano a disagio, prese per mano per non smarrirsi, a schiere di cinque o sei: le donne, gajamente parate, con lunghi scialli ricamati o con brevi mantelline di panno bianco, azzurro o nero, grandi fazzoletti a fiorami, di cotone o di seta, in capo e sul seno, grossi cerchi d'oro a gli orecchi e collane e spille a pendagli e a lagrimoni; gli uomini: contadini, solfarai, marinai, impacciati dai ruvidi abiti nuovi, dagli scarponi imbullettati.

Marta e Anna Veronica, che sotto lo scialle nascondeva le torce e la tovaglietta, tra la folla fluttuante, stordita, senza direzione, andavano quanto più sollecitamente potevano.

Giunsero alla fine nella piazza innanzi alla chiesuola, rigurgitante di popolo. Il baccano era enorme, incessante; la confusione, indescrivibile. S'erano improvvisate tutt'intorno baracche con grandi lenzuola palpitanti: vi si vendevano giocattoli e frutta secche e dolciumi, gridati a squarciagola; andavano in giro i figurinai con le imagini di gesso dipinte, rifacendo il verso degli scalzi miracolati; i frullonai, tirando e allargando la cordicella del frullo; i gelatai coi loro carretti a mano parati di lampioncini variopinti e di bicchieri:

— *Lo scialacuore! lo scialacuore!*

E al gajo bando seguiva una distribuzione di scappellotti ai monelli più molesti, che attorniavano i carretti come un nugolo ostinato di mosche.

Contrastava con quel vario allegro berciare dei venditori la cantilena lamentosa opprimente d'una turba di mendicanti su gli scalini innanzi al portone della chiesa, dove la gente accalcata faceva a gomitate per entrare. Marta e Anna Veronica si trovaron prese, quasi schiacciate tra quel pigia pigia e sospinte alla fine senza muover piede entro la chiesa buja, zeppa di curiosi e di devoti.

Deposto in mezzo alla navata centrale s'ergeva il fèrcolo enorme, massiccio, ferrato, per poter resistere alle scosse della disornata bestiale processione. Sul fèrcolo, le statue dei due santi dalle teste di ferro, quasi identiche nell'atteggiamento, con le tuniche fino ai piedi e una palma in mano. In fondo, sotto un arco della navata, a sinistra, tra due colonne, attorno a un'ampia tavola, stava in gran faccende la Commissione dei festajoli, che riceveva dai divoti il compimento delle promesse: tabelle votive, in cui era rappresentato rozzamente il miracolo ottenuto nei più disparati e strani accidenti, torce, paramenti d'altare, gambe, braccia, mammelle, piedi e mani di cera.

Tra i festajoli, quell'anno, era Antonio Pentàgora.

Per fortuna, Anna Veronica se n'accorse prima d'accostarsi alla tavola; ristette perplessa, confusa.

— Rimani qua un momentino, Marta. M'accosto io sola.

— Perchè? — domandò Marta, che s'era fatta

d'improvviso pallidissima; e aggiunse, con gli occhi bassi: — C'è Nicola in chiesa.

— È lì al banco, il padre, — disse Anna, sottovoce. — Meglio che tu stia qua. Mi sbrigo subito.

Niccolino non s'aspettava quell'incontro con Marta. Non la aveva più riveduta dalla vigilia della rottura col fratello. Restò come stralunato a mirarla; poi s'allontanò mogio mogio, si confuse tra la folla, vergognoso. Ne aveva avuto sempre una gran soggezione; aveva tanto desiderato d'esser voluto bene da lei come un fratello minore, cresciuto com'era senza madre, senza sorelle. Di tra quel rimescollo di teste cercò di scorgerla da lontano, senza più farsi vedere: la scorse; rimase a contemplarla, a spiarla; poi, intrufolandosi tra la ressa, la seguì con gli occhi fino all'uscita della chiesa. Per un pezzo non potè più avere nè occhi nè orecchi per lo spettacolo della festa. Si ritrovò, senza saper come, in mezzo alla piazza stipata, soffocato tra la folla enormemente cresciuta, che aspettava ora l'uscita del fèrcolo dalla chiesa. Dalla calca dei corpi ammaccati levavansi tutt'intorno, su i colli tesi, le facce accaldate, congestionate, smanianti nell'oppressura il respiro; alcune con una espressione supplice, d'avvilimento, negli occhi, altre con una espressione feroce. Le campane in alto sonavano a distesa su quel fermento, e le campane delle altre chiese rispondevano in distanza.

A un tratto, tutta la folla si commosse, si sospinse premuta da mille forze contrarie, non badando agli urti, alle ammaccature, alla soffocazione, pur di vedere.

— Eccolo! Eccolo! Spunta!

Le donne singhiozzavano, molti imprecavano inferociti, divincolandosi rabbiosamente tra la calca che impediva loro di vedere; tutti vociavano in preda al delirio. E le campane rintonavano, come impazzite dagli urli de la folla.

Il fèrcolo irruppe a un tratto, violentemente, dal portone e s'arrestò di botto là, innanzi alla chiesa. Allora il grido uscì frenetico da migliaja di gole:

— Viva San Cosimo e Damiano!

E migliaja, migliaja di braccia s'agitarono per aria, come se tutto il popolo si fosse levato in furore, a una mischia disperata.

— Largo! Largo! — si gridò da ogni parte, poco dopo. — La via al Santo! La via al Santo!

E innanzi al fèrcolo, lungo la piazza, la gente cominciò a ritrarsi di qua e di là a stento, respinta con violenza dalle guardie, per aprire un solco. Si sapeva che i due Santi procedevano per la via quasi di corsa, a tempesta: erano i Santi della salute, i salvatori del paese nelle epidemie del colera, e dovevan correre perciò di qua e di là, continuamente. Quella corsa era tradizionale: senz'essa la festa avrebbe perduto tutto il brio e il carattere. Ciascuno però temeva di restarne schiacciato.

Squillò innanzi alla chiesa stridulamente un campanello. Allora, tra le poderose stanghe della bara s'impegnò una zuffa tra i *pescatori* che dovevano caricarsela su le spalle. A ogni tappa, lungo la via, si ripeteva quella zuffa, sedata a stento ogni volta dai festajoli che dirigevano la processione.

Cento teste sanguigne, scarmigliate, da energumeni, si cacciarono tra le stanghe della macchina, avanti e dietro. Era un groviglio di nerborute braccia nude, paonazze, tra camicie strappate, facce grondanti sudore a rivi, tra mugolii e aneliti angosciosi, spalle schiacciate sotto la stanga ferrata, mani nodose, ferocemente aggrappate al legno. E ciascuno di quei furibondi, sotto l'immane carico, invaso dalla pazzia di soffrire quanto più gli fosse possibile, per amore dei santi, tirava a sè la bara, e così le forze si escludevano, e i santi andavano com'ebbri tra la folla che spingeva urlando selvaggiamente.

A ogni breve tappa, dopo una corsa, dai balconi, dalle finestre gremite, alcune femmine buttavano per divozione sul fèrcolo e su la folla, da canestri, da ceste, fette di pan nero, spugnoso. E, sotto, la folla s'azzuffava per ghermirle. Nel frattempo, i portatori imbottavano fiaschi di vino e s'ubbriacavano, sebbene quasi tutto il vino tracannato, di lì a poco, se n'andasse in sudore.

A quando a quando il fèrcolo diventava d'una leggerezza portentosa: procedeva allora con slancio irresistibile, salterellando tra l'allegro schiamazzo de la folla. Tal'altra, al contrario, diventava d'una pesantezza insopportabile: i Santi non volevano andare innanzi, rinculavano improvvisamente: accadevano allora disgrazie; qualcuno tra la folla rimaneva pesto. Un momento di pànico; poi tutti, per rifarsi animo, gridavano: — Viva San Cosimo e Damiano! — dimenticavano e procedevano oltre. Ma più volte, giunti allo stesso punto di prima, ecco di nuovo il fèrcolo arrestarsi improvvisamente; tutti gli occhi allora si volgevano alle finestre, e la folla, minacciando, imprecando, costringeva coloro che vi erano affacciati a ritirarsi, poichè era segno che fra essi doveva esservi qualcuno che o non aveva adempiuto alla promessa o aveva fatto parlar male di sè e non era degno perciò di guardare i Santi.

Così il popolo in quel giorno si rendeva censore.

Stavano a un balcone, affacciate, Marta e Anna Veronica, tra la signora Agata e Maria. Antonio Pentàgora già da un pezzo aveva dato il segno ai portatori. Dapprima, le quattro povere donne non compresero la mossa dei Santi: li videro rinculare, ma non credettero che quella manovra si facesse per loro. Quando il fèrcolo pervenne di nuovo sotto il balcone e s'arrestò, tutta la folla levò gli occhi e le braccia contro di loro gridando, imprecando, esasperata per la sciagura d'un povero ragazzo tratto allora da terra, fracassato e sanguinante. Subito Marta e Anna Veronica si ritrassero dal balcone, seguite da Maria che piangeva; la signora Agata, pallidissima, tutta vibrante di sdegno, chiuse così di furia le imposte, che un vetro andò in frantumi. Parve quest'atto un insulto a la folla fanatica: gli urli, gl'improperii salirono al cielo. E a quella tempesta imperversante sotto la loro casa tremavano le quattro povere donne a verga a verga, tenendosi strette l'una all'altra, rincantucciate; e nell'attesa angosciosa udirono contro la ringhiera di ferro del balcone battere una, due, tre volte, poderosamente, la testa d'uno dei santi.

A ogni testata tremava la casa.

Poi la furia a poco a poco si quietò; successe nella strada un gran silenzio.

— Vili! vili! — diceva Marta a denti stretti, pallida, fremente.

Anna Veronica piangeva con la faccia nascosta tra le mani. Maria s'appressò paurosamente al balcone e, attraverso il vetro, vide una bacchetta della ringhiera torta dalle ferree testate.

X.

— Troppo, eh? — fece Antonio Pentàgora, col suo solito ghigno frigido, rassegato sulle labbra, e negli occhi uno sguardo di commiserazione per Niccolino.

— Vigliaccheria! — proruppe questi, furibondo. — Si vergogni! Tutto il paese è pieno dello scandalo di jeri. Bella prodezza!

— E bravo Niccolino! — esclamò tranquillamente il padre. — Me ne congratulo davvero! Sentimenti nobili, generosi.... Bravo! Tienteli bene radicati, figliuolo mio, e vedrai col tempo come ramificheranno....

Niccolino scappò via fremendo, per non lasciarsi andare a qualche eccesso. Così pure era scappato via Rocco la sera avanti, dopo una lite violenta, durante la quale padre e figlio per poco non erano venuti alle mani.

Rimasto solo, Antonio Pentàgora scosse più volte il capo lentamente e sospirò:

— Poveri di spirito!

E rimase a lungo a pensare, col faccione sanguigno tutto raso, chino sul petto, gli occhi chiusi, le ciglia aggrottate.

Sapeva, sapeva d'essere inviso a tutti, cominciando dagli stessi suoi figliuoli. Mah!... E poi? Non era in suo potere portarci rimedio: doveva essere così, per forza. Per i Pentàgora, cui la sorte s'era divertita a bollare col marchio dei cervi, non c'era remissione: — Là! o esposti all'odio o al dileggio. Meglio all'odio. Era destino!

Tutti gli uomini, per lui, venivano al mondo con la parte assegnata. Sciocchezza il credere di poterla cambiare. Anch'egli, in gioventù, come adesso i figliuoli, lo aveva creduto per un momento possibile: aveva sperato, s'era lusingato: gli era parso d'aver nel cuore, come il povero Niccolino, sentimenti nobili, generosi: s'era affidato ad essi, dov'era giunto? Gira gira, alle corna. La parte era quella, doveva esser quella.

S'era così fissato in questo suo modo di pensare, che se per caso qualcuno, spinto dal bisogno, veniva a chiedergli ajuto, egli, pur sentendosi talvolta inchinevole a cedere, già commosso, si frenava, sbuffava, poi apriva le labbra al ghigno frigido, muto, che gli era abituale, e consigliava a quel povero diavolo di rivolgersi altrove: al tal dei tali, per esempio, buon filantropo del paese:

— Va' da lui, caro mio: è nato apposta per soccorrere la gente. Io no, vedi. A me, quest'ufficio non m'appartiene. Farei un'offesa a quel degno galantuomo che lo esercita da tant'anni e non può farne a meno. Io di corna fo negozio.

Era divenuto così cinico nel linguaggio, involontariamente. Diceva queste cose con la massima naturalezza. E derideva lui per primo la sua disgrazia conjugale, per prevenire gli altri e disarmarli. Si sentiva in società come sperduto in mezzo a un campo nemico. E quel suo ghigno era come il digrignare d'un cane inseguito, quando si volta. Per fortuna, era ricco: dunque, forte. Non aveva da temere. Tutta la gente, infatti, gli faceva largo: largo al vitello, anzi al bue d'oro!

— Sciocchezze!

Dopo il tradimento, per lui inevitabile, della nuora, si era rallegrato della sfacciata relazione di Rocco con quella donnetta galante:

— Bravo Roccuccio! Mi piace. Ora sei al tuo posto. Vedrai che a poco a poco.... Fammi tastar la fronte....

Ma no: quello scioccone non ci s'era sentito a suo agio, nel posto assegnatogli dalla sorte. Imbronciato sempre, sgarbato, di pessimo umore. E più volte egli lo aveva rimproverato. Poi, all'improvviso, era accaduta la morte di Francesco Ajala, del *Bau!* Ebbene, e quell'animella squinternata s'era d'un subito sentita schiacciare dall'unanime compianto che quel pazzo furioso aveva raccolto in paese. Zitto zitto, per non dar più luogo a ciarle, s'era liberato dell'amante, e gli era tornato in casa come un funerale.

— E perchè? L'hai forse ucciso tu Francesco Ajala?

Non c'era stato verso, per lungo tempo, d'indurlo a uscir di casa, a divagarsi. Cavalli, cavalli da tiro e da sella: sei cavalli gli aveva comperati! Dopo quindici giorni non aveva più voluto saperne. — E allora, che altro? Un viaggetto di distrazione, in Italia o all'estero? — No: neppur questo! — Il giuoco, al circolo? — Novemila lire perdute in una sola sera. E gliele aveva pagate, senza neppur fiatare.

Ebbene, che gli restava da fare? S'era presentata l'occasione della festa dei Santi patroni: a mali estremi, estremi rimedii: e aveva provocato lo scandalo della processione sotto i balconi di casa Ajala.

Non se ne pentiva. Rocco era scappato via come una mala bestia, sparando calci, alla bollatura di fuoco. Sì: gliel'aveva data un po' troppo forte, poverino. Ma ci voleva! Col tempo si sarebbe calmato e lo avrebbe ringraziato.

— Senti, senti la pazza! — fece tra sè Antonio Pentàgora, riscotendosi al fitto bofonchio precipitoso de la sorella Sidora, che s'aggirava smaniosamente per casa.

Anche a lei, forse, era arrivata la notizia dello scandalo. Che ne pensava? Nessuno poteva saperlo, tranne il fuoco del camino, acceso d'estate e d'inverno, nel quale ella — diceva il Pentàgora — voleva incenerire tutte le corna della famiglia, e non ci riusciva.

Per parecchi giorni Rocco non volle vedere, neppur da lontano, il padre. Niccolino gli teneva compagnia, gli offriva uno sfogo, da buon fratello.

— Non bastava, non bastava averla scacciata? M'ero vendicato.... Bastava! Ma no: le muore il padre, per giunta. Non dico che ci abbia avuto colpa io; ma certo in qualche modo vi ho pure contribuito; muore il bambino; anche lei è stata per morire; si rialza a stento dalla malattia; e lui, vigliacco, va a farle sotto gli occhi quella scenata infame! Perchè insultarla ancora? Chi glien'aveva dato l'incarico? Vigliacco! Vigliacco!

E si torceva le mani dalla rabbia.

Intanto le notizie di giorno in giorno peggioravano. La conceria, chiusa; Paolo Sistri, scappato (e la gente lo incolpava d'aver rubato dalla cassa quel che poi non c'era). La miseria, dunque, batteva alla porta delle tre povere donne abbandonate. Come avrebbero fatto? Sole, senza ajuto, mal viste da tutto il paese?

E la notte a Rocco pareva di vedersi comparire dinanzi la figura gigantesca di Francesco

Ajala in atto di scuotere le mani, pallido, gonfio in volto: — *Rovini due case: la tua e la mia!* — Vedeva tal'altra la suocera (fin dal primo giorno del fidanzamento tanto buona con lui) scarmigliata, disperata, e Marta piangente, con la faccia nascosta, e Maria quasi istupidita, che mormorava: — *Chi ci ajuta? chi ci ajuta?*

Così Rocco, il giorno in cui seppe che la concerla era messa all'incanto, facendosi violenza, si recò lui per primo dal padre a proporgli — cupo, senza guardarlo in faccia — di acquistarla per conto suo.

— Tu sei pazzo! — gli rispose il Pentàgora. — Neanche se me l'aggiudicassero per tre bajocchi. Poi, guarda: fin qui t'ho lasciato fare: denari, adesso, me ne hai buttati via abbastanza. Non son rena! Anche la carità? Non è affar mio, lo sai. Nojaltri, di corna negoziamo.

E lo lasciò in asso.

XI.

Marta, Maria e la madre s'erano da poco levate di letto, quando udirono il campanello de la porta tintinnir discretamente. Maria si recò ad aprire e, guardando prima dalla spia, vide un vecchietto poveramente vestito, insieme con due giovinotti, in attesa dietro la porta.

— Che volete? — domandò, incerta, dalla spia.

— Ziro, l'usciere, don Protogene, — rispose il vecchietto stirandosi i peli bianchi ricciuti della barba a collana. — Favorisca d'aprire.

— L'usciere? Ma chi cercate?

— Non è questa la casa di don Francesco Ajala? — domandò l'usciere Ziro ai due giovinotti che l'accompagnavano.

Maria aprì timidamente la porta.

— Perdoni, signorina, — disse uno dei giovinotti. — (Don Protogene, datele la carta). Ecco, signorina, faccia vedere codesta carta alla mamma. Noi aspetteremo qui.

La signora Agata si faceva in quel momento anche lei alla porta.

— Mamma, — chiamò Maria, — vieni a vedere.... io non so....

— Ziro, l'usciere, don Protogene, — si presentò di nuovo il vecchietto, levandosi questa volta dal capo risecco il tubino spelato che gli si sprofondava fin su la nuca. — Non faccio.... diciamo piacere, ma.... la Giustizia comanda, noi portiamo il gamellino.

La signora Agata lo squadrò un poco, stordita; poi spiegò la carta e lesse. Maria, intimorita, guardava la madre; il vecchio usciere approvava col capo a ogni parola e, quando la signora levò gli occhi dalla carta, non comprendendo bene, disse con voce umile:

— Codesta è l'ordinanza del pretore. E questi due sono i testimonii.

I due giovanotti si scappellarono, inchinandosi.

— Ma come! — esclamò la signora Agata. — Se mi avevano detto....

Anche Marta, adesso, s'era fatta alla porta, a sentire; e i due giovanotti se l'ammiccavano dal pianerottolo, dandosi furtivamente gomitate.

— Ma come.... — ripetè la signora Agata, smarrita, rivolta a Marta. — L'avvocato mi aveva detto....

— Tante cose dicono gli avvocati.... — interloquì, con un certo sorrisetto che lo fece arrossire, uno dei giovanotti, tozzo e biondo. — Lasci fare a noi, signora, e vedrà che....

— Ma se ci tolgono....

— Mamma, — la interruppe Marta, alteramente, — è inutile star qui a discutere. Lasciali entrare. Sono comandati: debbono fare il loro dovere.

— Con dolore, sì.... — aggiunse don Protogene.

— Eh, purtroppo....

Chiuse gli occhi, aprì le mani e applicò la punta della lingua al labbro superiore.

— Abbiano pazienza, — riprese poco dopo, — donde dobbiamo cominciare? Se la signora volesse avere la bontà....

— Seguitemi, — ordinò Marta. — Ecco il salotto.

Aprì l'uscio ed entrò innanzi a gli altri per dar luce alla stanza, che da tanti mesi dormiva con gli scuri chiusi, abbandonata. Poi, rivolta alla madre e a la sorella, soggiunse:

— Andate via. Attenderò io a costoro.

I due giovanotti si guardarono mortificati; e il biondo, ch'era un forense, già galoppino di Gregorio Alvignani, e che aveva pregato insistentemente il vecchio usciere di portarselo con sè come testimonio, per curiosità di veder Marta da vicino, disse, guardandosi le unghie lunghe, scarnate:

— Noi siamo dispiacenti, creda, signora....

Marta lo interruppe, con lo stesso piglio sprezzante.

— Sbrigatevi. Son discorsi inutili.

Don Protogene, tratto dalla tasca in petto un foglio di carta, un calamajo d'osso con lo stoppino e una penna d'oca, si disponeva a comporre l'inventario del salotto, quando, guardando in giro e vedendo soltanto poltrone e seggiole imbottite, su cui non stimò buona creanza sedere, disse con umile sorriso a Marta:

— Se la signora volesse avere la bontà di farmi portare una seggiola....

— Sedete pur lì, — disse Marta, indicando una poltrona.

E il vecchietto sedette in punta in punta, per obbedire; con la mano tremolante armò di lenti l'estremità del naso e, stendendo la carta sul tavoletto tondo che stava innanzi al canapè, scrisse con solennità in capo al foglio: "*Sallotto*„ con due elle. Ciò fatto, s'inserì la penna su un orecchio e, stropicciandosi le mani, disse a Marta:

— Naturalmente questi mobili rimarranno qua, esimia signora; io adesso fo soltanto, così, sopra sopra, un piccolo inventario, con la stima....

— Ma potete anche portarli via, — disse Marta. — Fra giorni lasceremo questa casa, e tanta mobilia non entrerebbe nella nuova.

— Vuol dire che si provvederà, — concluse don Protogene. E cominciò quindi a notare: — Un pianoforte....

Marta guardò il pianoforte che Maria aveva tante volte sonato, e anche lei, da ragazza, fino a tanto che la passione per lo studio non le aveva tolto il tempo d'attendere alla musica. E man mano che il vecchio e i due giovanotti nominavano, notando, i varii oggetti, gli occhi di Marta vi si affisavano un tratto, rievocando un ricordo.

Era venuta, nel frattempo, Anna Veronica, a cui la signora Agata, avvilita, piangendo, comunicò la nuova sciagura.

— Anche questo! In mezzo alla strada.... Ah, Signore, non avete pietà? neanche di quell'orfana innocente, Signore?

E con la mano indicò Maria che se ne stava con la fronte contro i vetri della finestra, per nascondere alla madre il pianto silenzioso.

— Marta? — domandò Anna Veronica.

— Di là, con *loro*.... — rispose la signora Agata, asciugandosi gli occhi. — Se la vedessi: impassibile; come se non si trattasse della casa nostra....

— Agata mia, coraggio! — disse Anna. — Dio ci vuol provare....

— No! Dio, no, Anna! — la interruppe la signora Agata, stringendole un braccio. — Non dire Dio! Dio non può voler questo!

E con la mano accennò di nuovo a Maria, soggiungendo sottovoce:

— Che spina! che spina!

Anna Veronica, allora, per divagarla, le parlò della nuova casetta.

— Vengo di là. Se la vedessi! Tre stanzette piene d'aria e di luce. Non tanto piccole, no: oh, vi starete benissimo.... E poi, un terrazzino! Buono da stendervi il bucato; sì, vi sono anche i cordini di ferro; quattro pali agli angoli; e affacciandovi di là, guarda, possiamo proprio stringerci la mano, così.... La finestra della mia cameretta è proprio dirimpetto.... Le notti di luna....

Anna s'interruppe: in un baleno rivide una notte del tempo passato: il seduttore sentimentale aveva abitato in quella casetta, ove tra pochi giorni sarebbero andate ad abitare le sue amiche. Turbata, cangiò discorso:

— Mente mia! guarda.... me ne dimenticavo ed ero venuta apposta! Ho da darvi una buona notizia. Sì.... — e chiamò: — Maria! Vieni qua, figliuola mia.... Su, asciughiamo codeste lagrime; qua a me il fazzoletto. Oh, così.... brava! Dunque, vi do parte e consolazione che la figlia del barone Troisi si marita.... Scommetto che non ve ne importa nulla; ma a me sì, care; perchè la signora baronessa, pare impossibile! ha la degnazione di dare ad allestire qua in paese il corredo della figlia, capite? e per buona parte me ne sono tolto il carico io. Così lavoreremo tutti, e Dio ci ajuterà. A casa nuova!

— Permesso? — fece a questo punto Ziro, l'usciere, su la soglia, inchinandosi goffamente, con la penna d'oca su l'orecchio, il calamajo e la carta in una mano, la tuba nell'altra.

I due giovanotti lo seguivano. Sopravvenne Marta.

— Avanti, entrate pure. Mamma, tu va' di là. Oh, sei qui, Anna? Conduci, ti prego, Maria e la mamma di là.

— Hai visto? — disse la madre all'amica, alludendo a Marta. — Come s'è potuta ridurre così?

— Come, Agata? — osservò Anna Veronica. — Perchè vuoi credere che non soffra nulla? Non vorrà darlo a vedere, in questo momento, per farvi animo....

— Sarà, — sospirò la madre. — Ma tu lo sai; sei stata qua con noi: mentre l'inferno si scatenava, come si scatena tuttora su la mia povera casa, che ha fatto lei? Se n'è stata chiusa di là, come se non avesse voluto accorgersi di nulla. Mi par miracolo che oggi si veda per casa, che s'interessi un tantino di noi.... Che scrive? che legge? Mi vergogno, Anna mia, ridotta come sono a badare a certe cose. Io e Maria andiamo presto a letto per risparmiare il lume, e lei lo tiene acceso fino a mezzanotte, fino alle due del mattino.... Studia.... studia.... Ed io mi domando se la malattia, per caso, non gli abbia dato al cervello.... Come! — dico, — sa in quale stato ci siamo ridotte.... il padre morto, la rovina.... la miseria.... e lei può attendere così alla lettura.... appartata, tranquilla, come se nulla fosse?

Anna Veronica ascoltava, addolorata: neppur lei arrivava a comprendere quel modo d'agire di Marta, tanta noncuranza, anzi peggio, insensibilità: non egoismo veramente, giacchè anche lei era coinvolta nella rovina.

— Permesso? — venne a ripetere, poco dopo, anche su quella soglia l'usciere, seguito dai testimonii.

E anche da quella stanza le tre donne uscirono; e così, di stanza in stanza, furono quasi respinte da quella casa, che di lì a tre giorni abbandonarono per sempre.

Nella nuova, dopo il malinconico sgombero e il riassetto, Anna Veronica portò la tela odorosa, il bisso molle e delicato, e le trine e i nastri e merletti della baronessina Troisi.

La signora Agata, guardando Maria intenta al lavoro, tratteneva a stento le lagrime: ah, ella non avrebbe mai atteso a cucire il suo corredo da sposa: sarebbe rimasta così, povera figliuola, orfana e sola, sempre....

Marta, nella nuova casa, seguitava a tener lo stesso modo di vita. Anna Veronica, però, non se ne stupiva più: Marta le aveva comunicato un suo proposito, imponendole di non parteciparla nè alla madre nè alla sorella.

Lo partecipò lei finalmente, una sera, uscendo rannuvolata dalla sua camera. S'era preparata agli esami di patente, che sarebbero cominciati la mattina appresso alla Scuola Normale. Anna Veronica aveva presentato la domanda per lei, pagando, coi suoi risparmi, la tassa.

La madre e la sorella restarono.

— Lasciatemi fare, — disse Marta, urtata dal loro stupore. — Non mi contrariate, per carità....

E tornò a chiudersi in camera.

Giungeva in tempo a dar gli esami con le antiche compagne di collegio. Le avrebbe dunque rivedute! Non si faceva illusione su l'accoglienza che le avrebbero fatta. Ella anzi sarebbe andata incontro a loro col contegno di chi si tenga pronto a lanciare una sfida: sì, e non ad esse soltanto, se mai, ma a tutto il paese, di cui ora rivedeva le vie, per cui la mattina seguente sarebbe passata. Avrebbe guardato in faccia la vigliacca gente che nel giorno della festa selvaggia l'aveva pubblicamente oltraggiata.

Pensando all'enorme folla imbestiata nel vino e nel sole, tumultuante con le braccia levate sotto i balconi dell'altra casa, Marta sentiva più forte l'impulso alla lotta; sentiva veramente, in quella vigilia, ch'ella sarebbe risorta dall'onta vile e ingiusta; armata di sprezzo e con l'orgoglio di poter dire: — Ho sollevato dalla miseria mia madre, mia sorella: esse vivono ora per me, di me!

A poco a poco, confortata da questi pensieri, e la cura dell'avvenire sovrapponendosi nell'anima di lei alla costernazione per l'imminente prova, giunse a vincere la trepidazione; ma non cessò la smania, e quella si ridestò e crebbe, fino a divenire smarrimento, la mattina, al levarsi da letto.

Non sapeva più ciò che dovesse fare: si guardava attorno, quasi aspettando che la povera e scarsa suppellettile della camera glielo suggerisse, richiamandola: là il catino, in cui doveva lavarsi; qua la seggiola, su cui eran le vesti che doveva indossare. Poco dopo si diede a far tutto frettolosamente.

Mentre si pettinava, così alla meglio, senza specchio, entrò la madre già pronta per accompagnarla.

— Oh brava, mamma! Finisci di pettinarmi tu, ti prego.... È tardi!

E la madre si mise a pettinarla, come soleva ogni mattina quando ella si recava a scuola.

Finito, guardò la figlia: Dio! non le era sembrata mai tanto bella.... E provò un vivo ritegno pensando che doveva uscir con lei per la città, condurla tra gli sguardi maligni della gente, ad un'impresa che, nella schiva umiltà della propria indole, non sapeva nè comprendere, nè apprezzare. Pensava che quella bellezza, quell'aria di sfida che Marta aveva nello sguardo, avrebbero forse dato cagione alla gente d'esclamare: Guarda com'è sfrontata!

— Sei molto molto accesa in volto.... — le disse, schivando di guardarla; e avrebbe voluto aggiungere: — Tieni gli occhi bassi per via.

Scesero finalmente la scala e s'avviarono strette fra loro, mentre Maria, dietro i vetri della finestra, le seguiva cogli occhi, trepidante.

La signora Agata avrebbe voluto essere almeno della metà men alta di statura, per non attirar tanto gli sguardi della gente e passare inosservata; correre in un baleno quella via che le pareva interminabile. Marta invece pensava all'incontro con le antiche compagne, e non si dava col pensiero tanta fretta di sottrarsi alla via.

Arrivarono per le prime al collegio.

— Oh signorina bella! Come mai? Qua di nuovo? Guarda come s'è fatta grande! Oh faccia rara.... — esclamò la vecchia portinaja, gestendo, dall'ammirazione espansiva, con la testa e con le mani.

— Nessuno, ancora? — domandò Marta, un po' imbarazzata, sorridendo benevolmente alla vecchia.

— Nessuno! — rispose questa. — Lei sempre a un modo, la prima.... Si rammenta quand'era piccina così e, ogni santa mattina, bum! bum! bum! calci al portone.... Gesù mio, era quasi bujo.... Si rammenta?

Ah, sì! Marta sorrideva.... Ah, i bei ricordi!

— Vogliono entrare in sala? — riprese la vecchia. — La signora sarà stanca....

E, guardando la signora Agata in volto, sospirò, tentennando il capo:

— Povero signor Francesco! Che pena.... Non ne vengono più al mondo galantuomini come quello, signora mia! Basta. Il Signore benedetto l'abbia in gloria! Credo che l'uscio della sala d'aspetto sia ancora chiuso. Abbiano pazienza un tantino, vado a prendere la chiave.

— Buona donna! — fece a Marta la signora Agata, grata dell'accoglienza rispettosa.

Dopo un minuto la vecchia portinaja tornò di corsa dicendo:

— Anche mia figlia Eufemia dà oggi gli esami con lei, signorina Marta!

— Eufemia? Sì? Come sta?

— Poveretta, non dorme più da tante notti.... Ah, per questo, buona volontà non gliene manca.... Lei che ha tanto talento, signorina, oggi, se mai, me l'ajuti un po'! Dicono ch'è la prova più difficile! Or ora la faccio venir giù: così le terrà compagnia.... Ecco, loro intanto s'accomodino qua.

E pulì con un lembo del grembiule il divano di cuojo.

— Se Eufemia studia, non la chiamate, — disse Marta alla vecchia che già usciva.

— Ma che! ma che! — rispose la vecchia senza voltarsi.

Eufemia Sabetti era stata, fin dalle prime classi, compagna di scuola di Marta, quantunque maggiore almeno di sei anni. Cresciuta nella scuola, in mezzo a compagne molto superiori a lei di condizione, ella aveva assunto una cert'aria signorile che formava l'orgoglio della madre, la quale poi lo scontava a costo d'innumerevoli sacrificii. Eufemia, è vero, dava del tu a tutte le compagne, portava il cappellino, aveva tratti e lezii da vera "signorina"; ma era pur rimasta nella considerazione delle compagne la figlia della portinaja. Le compagne veramente non glielo spiattellavano in faccia: no, poverina! ma glielo lasciavano intendere o dal modo con cui le guardavano la veste e il cappellino, o col piantarla lì qualche volta per prestare ascolto a un'altra *delle loro*. Ed Eufemia faceva le viste di non accorgersene, per mantenersi in buoni rapporti con esse.

— Oh Marta! Che fortuna! — esclamò ella entrando e accorrendo a baciar l'amica, senza impaccio. Salutò, ridendo, la signora Agata, e sedette sul divano, lasciando in mezzo Marta. — Che fortuna! — ripetè. — Come va? Qua di nuovo con noi? E farai gli esami?

Era bruna, magrissima, miserina nella veste latt'e caffè scuro, guarnita di nero. Parlando fremeva tutta, agitava continuamente le palpebre su gli occhietti vivi da furetto; ridendo scopriva la gengiva superiore e i denti bianchissimi.

Cominciavano di già le domande imbarazzanti. E bisognava pur rispondere alla meglio alle più discrete; le altre però che restavano negli occhi d'Eufemia costringevano le parole di Marta a non esser sincere.

La signora Agata si alzò.

— Io torno a casa, Marta. Ti lascio con l'amica. Coraggio, figliuole mie!

Uscendo dalla sala d'aspetto, vide nell'atrio un crocchio di signorine in abiti gaj d'estate, tra le quali riconobbe alcune antiche compagne di Marta. Queste tacquero a un tratto e abbassarono gli occhi mentr'ella passava. Nessuna la salutò: una sola, Mita Lumìa, le rivolse un lieve cenno del capo.

La vecchia portinaja aveva loro annunziato la venuta di Marta.

— Badate, ci vuol faccia tosta! — diceva una.

— Io, per me, non entro, — dichiarava un'altra.

E una terza:

— Che viene a far con noi?

— Oh bella, gli esami: potete impedirglielo? — rispondeva Mita Lumìa, urtata anche lei, ma non così accanita come le altre.

— Va bene; ma accanto a lei, — protestava una quarta, — non seggo, neanche se il direttore stesso viene ad impormelo!

E una quinta diceva a Mita Lumìa:

— Se non sappiamo neppure come dobbiamo chiamarla! Pentàgora? Ajala?

— Oh Dio! Chiamatela Marta, come la chiamavamo! — rispose la Lumìa infastidita.

Nello stesso tempo Marta, con amaro sorriso, diceva alla Sabetti:

— Chi sa che dicono di me....

— Lasciale cantare! — le rispose Eufemia.

Irruppero e attraversarono la sala quattro del crocchio, di corsa, senza volgere gli occhi al divano.

Marta, quantunque grata in fondo alla Sabetti della compagnia che le teneva, non poteva tuttavia sottrarsi a un senso d'avvilimento nel vedersela accanto; non per sè, ma per quelle pettegole che la vedevano insieme con quella lì, accolta cioè dalla figlia della portinaja.

Si alzarono. Entrò in quella Mita Lumia senza fretta.

— Oh, Marta.... Come stai?

E tentò un sorriso e porse la mano, molle molle.

— Cara Mita.... — rispose Marta.

E rimasero lì un breve tratto senza saper dire una parola di più.

XII.

L'invidia da un canto, dall'altro gl'intrighi spezzati, le aspirazioni deluse trassero agevolmente dalla calunnia una scusa alla loro sconfitta.

Era chiaro!

Marta Ajala avrebbe occupato il posto di maestra supplente nelle prime classi preparatorie del Collegio, solo perchè “ protetta „ del deputato Alvignani.

E vi fu, nei primi giorni, una processione di padri di famiglia al Collegio: volevano parlare col Direttore. Ah, era uno scandalo! Le loro ragazze si sarebbero rifiutate d'andare a scuola. E nessun padre, in coscienza, avrebbe saputo costringerle. Bisognava trovare, a ogni costo e subito, un rimedio.

Il vecchio direttore rimandava i padri di famiglia all'Ispettore scolastico, dopo aver difeso la futura supplente con la prova degli splendidi esami. Se qualche altra avesse fatto meglio, sarebbe stata presa a supplire in quella classe aggiunta. Nessuna ingiustizia, nessuna particolarità.... — Ma sì!

Il cavalier Claudio Torchiara, ispettore scolastico, era del paese e amico intimo di Gregorio Alvignani. A lui i reclami si ritorcevano sotto altra forma e sotto altro aspetto. Voleva l'Alvignani rendersi impopolare con quella protezione scandalosa?

E invano il Torchiara s'affannava a protestare che l'Alvignani non c'entrava nè punto nè poco, che quella de la maestra Ajala non era nomina governativa. Eh via, adesso! Che sostenesse ciò il direttore del Collegio, *transeat!* ma lui, il Torchiara, ch'era del paese; eh via! Bisognava aver perduto la memoria degli scandali più recenti....

Era venuta dunque così, dall'aria, quella nomina dell'Ajala? E, in coscienza, se il Torchiara avesse avuto una figliuola, sarebbe stato contento di mandarla a scuola da una donna che aveva fatto parlare così male di sè? Che fior di maestra per le ragazze!

Se a Marta, ogni dì più oppressa dalla crescente miseria, mentre furtivamente, non compresa dai suoi, chiusa nella sua cameretta, si preparava a quegli esami, si fosse per un momento affacciato il pensiero che ella avrebbe incontrato, sott'altro aspetto, quasi la stessa vigliacca e oltraggiosa rivolta popolare; forse le sarebbe a un tratto caduto l'animo. Ma spronavano allora la sua baldanza giovanile da un canto troppa ansia di risorgere, dall'altro la miseria in cui senza riparo ella e la sua famiglia precipitavano e la coscienza del proprio valore e la santità del suo sacrifizio per la madre e la sorella. Pensava allora soltanto a vincere la prova; sarebbe poi riuscita nel suo intento, avvalendosi della prova superata.

Ora, ora intendeva lo stupor doloroso della madre e de la sorella a l'annunzio della sua animosa determinazione. E ancora non le era arrivata a gli orecchi la calunnia di cui la gente onesta si armava per osteggiarla, per ricacciarla bene addentro nell'ignominia, nel fango da cui ella smaniava d'uscire!

La vecchia Sabetti era intanto venuta ad annunziarle, addolorata, che al posto già promesso a lei avrebbe insegnato la Breganze, nipote d'un consigliere comunale.

Nel frattempo, alla notizia inattesa che Marta intendeva darsi all'insegnamento, la pietà di Rocco Pentàgora, prossima a cangiarsi in rimorso, improvvisamente aombrata, s'era cangiata, invece, in dispetto.

Egli non vide in quella determinazione di Marta le strette della necessità, l'urgenza di provvedere ai bisogni primi della famiglia, ai quali lui stesso di nascosto avrebbe voluto provvedere; vide soltanto l'ardita e sprezzante volontà di lei di levar la fronte contro tutto il paese, quasi dicendo: — “Basto a me stessa e ai miei: non mi curo della vostra condanna„. — E si sentì messo da parte; non solo non curato, ma anche disprezzato e deriso dalla moglie. E una smania rabbiosa cominciò ad agitarlo, la quale si manifestava specialmente in uno sdegno incomprensibile per la professione ch'ella voleva darsi ad esercitare:

— La maestra! La maestra! Colei che fu mia moglie, ora deve fare la maestra!

E non se ne poteva dar pace, come se far la maestra significasse un disonore per il nome ch'ella aveva portato.

Intanto, come impedirglielo? come farsi vivo? come farle sentire ch'ella non poteva non curarsi di lui, spezzar la catena, sottrarsi al peso morto d'un legame, a cui non s'era mantenuta fedele?

E le smanie crescevano.... Un nuovo scandalo? una nuova vendetta? Si sarebbe prestato a fomentar la calunnia della pretesa relazione tra Marta e l'Alvignani, pubblicando le lettere che questi le aveva scritte? No, no! il ridicolo sarebbe caduto più apertamente sopra di lui. Tanto, il paese credeva a quella relazione scandalosa, e il partecipare alla calunnia gli avrebbe fatto soltanto sentir vieppiù l'impotenza sua contro colei che mostrava di non curarsi nè di lui nè di nessuno. Meglio anzi fare in modo che quella calunnia si sventasse. Sì.... ma come? E qui un sorgere e un immediato abortir di propositi contrarii, or dettati dall'odio per l'Alvignati, e furibondi, ora dalla stizza, ora dall'amor proprio ferito, ora dalla generosità.

Usciva di casa, senza direzione. A un tratto, si ritrovava per la strada del sobborgo, presso alla conceria di Francesco Ajala. Che era venuto a fare colà? Oh, se avesse potuto vederla.... Ecco la vecchia casa.... Adesso ella abitava più giù.... dopo la chiesa.... E si avanzava càuto, guardando furtivamente ai rari balconi illuminati. Al primo rumor di passi in distanza, per la strada solitaria, tornava indietro per non farsi scorgere in quei dintorni; e rincasava.

Ma il giorno appresso, daccapo.

Perchè quella smania di veder Marta, o meglio, di farsi vedere da lei? Non lo sapeva neppur lui. Se la immaginava vestita di nero, come la aveva veduta quel giorno, in chiesa, Niccolino.

— Sai? Più bella di prima!

Ma ella, certo, non lo avrebbe guardato; avrebbe abbassato subito gli occhi scoprendolo da lontano. Fermarla per istrada? parlarle? Follie! E che avrebbe pensato la gente? E lui, che le avrebbe detto?

In tali condizioni di spirito, una mattina, si recò in casa di Anna Veronica.

Nel vederselo dinanzi, pallido, sconvolto, Anna restò, quasi impaurita.

— Che vuole da me?

— Scusi dell'incomodo.... Stia, stia seduta, prego. Prendo la seggiola da me.

Ma tutte le seggiole erano ingombre di biancheria ammonticchiata, e Anna dovette alzarsi per liberarne una.

— Quanta bella roba.... — fece Rocco, imbarazzato.

— Della baronessa Troisi.

— Per la figlia?

Anna accennò di sì col capo, e Rocco trasse un sospiro, contraendo la fronte e infoscandosi. Si ricordò dei preparativi delle sue nozze, del corredo di Marta.

— Ecco la seggiola, — gli disse Anna, con impacciata premura.

Rocco sedette, cupo. Non sapeva da qual parte intraprendere il discorso. Restò un momento con le ciglia aggrottate, gli occhi bassi, insaccato ne le spalle, come in attesa di qualche cosa che dovesse cascargli addosso. Anna Veronica, ancor presa dallo stupore, lo spiava in volto acutamente.

— Lei.... già saprà.... m'immagino, — cominciò

egli finalmente, impuntando a ogni parola, senza levar gli occhi. — So che è amica di casa di.... e anzi....

S'interruppe; non poteva seguitare in quel tono, in quella positura. Si scosse, raschiò, alzò la testa e guardò Anna in faccia.

— Senta, signora maestra, io credo che.... sì, io non credo a ciò che la gente va dicendo contro di.... Marta, adesso, per questa sua nuova pazzia....

— Ah, — fece Anna, crollando il capo con un mesto sorriso. — La chiama pazzia, lei?

— Più che pazzia! — rispose Rocco, pronto, con ira. — Scusi....

— Non so che vada dicendo la gente, — riprese Anna. — Me l'immagino.... E lei fa bene, signor Pentàgora, a non crederci; tanto più che nessuno meglio di lei può sapere....

— Non parliamo di ciò! non parliamo di ciò, la prego! — saltò a dir Rocco, ponendo innanzi le mani. — Non sono venuto per parlare del passato....

— E allora? Scusi, se lei stesso dice che non crede.... — tentò d'aggiungere Anna.

— Che cosa? Sa che dice la gente? — domandò egli con voce alterata. — Che la corrispondenza con l'Alvignani sèguita.... Ecco!

— Sèguita?

— Sissignora. E questo perchè? Per l'eterna

sua smania di comparire! Ma come.... tu sai ciò che ti pesa addosso, sai quello che hai fatto, e hai il coraggio d'uscire in piazza a sfidare la maldicenza del paese? La gente parla.... Sfido! Come ha ottenuto quel posto?

— Ma si sa! — fece Anna con amarissimo sdegno. — Così soltanto oggi si ottengono i posti! E sono loro, i tanti guardiani dell'onestà che ha il nostro paese, che insegnano il modo e la via.... Fate così, perchè, tanto.... lo facciate o no, è tutt'uno; per noi sarà sempre come se l'aveste fatto. Sciocca Marta, dunque, che non l'ha fatto, è vero? Che le ha giovato? Chi ci crede?

— Io non ci credo, le ho detto, — rispose infoscandosi maggiormente Rocco. — E pur nondimeno ritengo che, se la gente sparla, non ha tutti i torti.... Che vuole che si capisca d'esami fatti più o meno bene? Si pensa all'intrigo, invece! Non ci ragiona, lei, da quest'altro lato.... Ecco perchè può scusarla....

— Non solo, sa? — gridò Anna, levandosi, — ma anche lodarla, signor Pentàgora! Io lodo Marta e l'ammiro! Perchè entro nella coscienza di quella povera figliuola e, se ci vedo un rimorso per gli altri che penano per lei ingiustamente, non ci trovo però nè macchia nè peccato, innanzi a Dio! Ci trovo il bruciore per le offese, per gli oltraggi patiti, ci sento un grido: “Ora basta!„ Ma sa lei come sono ridotte? Sa che non hanno più neanche da mangiare? A chi spettava di sostentare la madre e la sorella? di rialzarle un po' dalla miseria? So io, so io il sacrifizio che le è costato, povera Marta! O dovevano morir di fame per far piacere a lei e al paese?

Rocco Pentàgora si alzò anche lui, col cervello che gli mulinava dentro; stravolto, con la faccia pezzata qua e là di rosso; s'aggirò smaniosamente per la stanza, tastando i mobili, agitando continuamente le dita; poi s'accostò ad Anna, con gli occhi torvi, le afferrò le mani:

— Senta, signora maestra.... Per carità, le dica.... le dica che rinunzii all'idea di.... di far la maestra; che.... che non dia più cagione alla gente di sparlare e.... e provvederò io, dica così, ai bisogni della sua famiglia, senza.... senza farlo sapere a nessuno.... neanche a mio padre, s'intende! Glielo prometto su la santa memoria di Francesco Ajala! Non lo faccio per amore, creda! lo faccio per decoro, di lei e mio.... Glielo dica....

Anna Veronica promise di far l'ambasciata; e poco dopo egli, ripetendo raccomandazioni e promesse, andò via più turbato e smanioso di com'era venuto.

— Per decoro, non per amore.... Glielo dica. Per decoro! siamo intesi....

XIII.

Anna Veronica scappò in fretta dalle Ajala, appena andato via Rocco Pentàgora.

— Dov'è Marta? — domandò piano a Maria, ponendosi un dito su le làbbra.

— Nella sua camera.... Perchè?

— Zitta! Piano!

Fe' cenno alla signora Agata d'accostarsi; si guardò d'attorno:

— Lasciatemi sedere.... Tremo tutta.... Ah, care mie, se sapeste! Indovinate chi è venuto da me, or ora? Il marito di Marta!

— Rocco! Lui! — esclamarono insieme, sottovoce, stupite, Maria e la madre.

Anna si ripose il dito su le labbra.

— Come un pazzo, — aggiunse, agitando le mani per aria. — Ah che paura! La ama ancora, ve lo dico io! Se non fosse.... Ma sentite: dunque, è venuto da me. Io, dice, non credo alle calunnie della gente....

— E allora? — scappò dal cuore alla madre.

— Giusto così: e allora? — gli ho detto io, come te. Ma egli, Marta, dice, — aspetta! — non doveva, dice, esporsi alla malignità della gente, far la maestra, insomma.... N'è sdegnato, avvilito.... Basta, sapete, care mie, che m'ha proposto? Che io induca Marta a rinunziare alle sue idee.... Provvederà lui, dice, ai bisogni vostri; tanto perchè la gente non sparli più.

— E nient'altro? — sospirò a questo punto la signora Agata. — Ah, con un po' di denaro soltanto, somministrato di furto, come in elemosina, intende di chiudere la bocca alla gente? E domani non si dirà che il denaro ci venga da altra mano? Oh sciocco e vile!

— No! no! — riprese Anna. — Non dir così.... È innamorato, credi a me.... Ma c'è quel cane giudeo del padre, capisci? e finchè c'è lui.... Se Marta intanto volesse scrivergli un biglietto....

— A chi?

— A lui, al marito! da intenerirlo; una lettera come lei sola sa scriverne.... Questo sarebbe proprio il momento! Tu sai bene, dovrebbe dirgli, quanto ci sia stato di vero.... e ora vedi come son trattata? ciò che si dice di me?... Ah, se volesse scrivergli queste due parole.... Tanto più che me l'ha chiesta lui una risposta.... Che ne dite?

— Marta non lo farà! — disse Maria, scotendo il capo.

— Proviamo! — replicò Anna. — Volete che le parli io? Dov'è?

— Di là, — accennò la signora Agata. — Ma temo che non sia il momento....

— Vado io sola, — aggiunse Anna, levandosi.

Marta era stesa prona sul lettuccio, con le braccia conserte sul guanciale e la faccia nascosta; appena sentì schiuder l'uscio restrinse le braccia e vi cacciò più addentro il volto.

— Sono io, Marta, — disse Anna, richiudendo l'uscio pian piano.

— Lasciami, per carità, Anna! — rispose Marta, senza levar la testa, agitandosi sul letto. — Non tentare di confortarmi!

— No, no, — s'affrettò a soggiungere Anna Veronica, accostandosi al lettuccio e posandole lieve una mano su le spalle. — Volevo soltanto vederti....

— Non voglio veder nessuno, non posso sentir nessuno, in questo momento! — riprese Marta smaniosamente. — Lasciami, per carità!

Anna ritrasse subito la mano, e disse:

— Hai ragione....

Attese un pezzo, poi riprese sospirando:

— Troppo bello.... troppo facile sarebbe stato! T'immaginavi che la gente non dovesse impedirti d'andare per la strada che ti sei aperta col lavoro, con l'ingegno, col coraggio.... Ma a che servono, cara mia, queste cose? Protezioni ci vogliono! Ne hai? No.... Si va innanzi con queste soltanto; e ognuno giudica come pensa....

Marta levò improvvisamente la testa dal guanciale e disse con ira:

— Ma se me l'avevano promesso!

— Sì, — replicò subito Anna, — ed è infatti bastato questo soltanto, questa semplice promessa non mantenuta, perchè la gente cominciasse a gridare che tu eri protetta da qualcuno....

— Io? — fece Marta, non comprendendo dapprima e guardando negli occhi Anna Veronica. Poi diede un grido: — Ah!... Io.... io.... — E non potè dir altro: si premette il volto con le mani; poi proruppe: — Eh già! sì.... sì.... così deve creder la gente! Ci sarà chi va spargendo questa nuova calunnia!

— Lui, no, sai? tuo marito, no, — disse subito Anna.... — È venuto da me apposta, per dirmelo....

— Rocco? — esclamò Marta, sbalordita, tentando invano d'aggrottare le ciglia. — Rocco è venuto da te?

— Sì, sì.... poco fa.... per dirmi che non ci crede....

— Da te?... lui....! — ripetè Marta.

Lo sbalordimento impediva ancora all'odio di trovar la ragione di quella visita.

— E che vuole?

— Vuole.... — rispose Anna, — vorrebbe che tu....

— Sai che vuole? — scattò Marta, con gli occhi lampeggianti. — Gli è mancato il coraggio; ha rimorso, da un canto; e, dall'altro.... io ho tentato di alzar la testa, è vero? ebbene, e lui, giù! vorrebbe farmela riabbassare, giù! giù! nel fango in cui m'ha gettata! Questo vuole! Io non debbo respirare più, non debbo cancellarmi dalla fronte, qua, il marchio, il marchio con cui ha creduto di bollarmi! Questo vuole! Oh, se gli dò questa soddisfazione, di rimanere appiattata nel fango, come ranocchia ch'egli possa schiacciare col piede, se gliene venga la voglia; se gli dò questa soddisfazione, sai? ma sarebbe anche capace di mantenermi, di darmi da vestire e da mangiare, a me e ai miei....

Anna la guardò sorpresa e dolente.

— Non vuole questo, di'? — incalzò Marta. — Ho indovinato? Vuoi darlo davvero a conoscere a me? Gli leggo in fronte, come in un libro, ciò che gli passa per la mente!

— Se tutto questo volessi scrivergliela.... — arrischiò timidamente Anna.

— Io? a lui?

— Perchè vorrebbe una risposta....

— Da me? — fece Marta, con sdegno. — Io, scrivere a lui? Ma io.... guarda, piuttosto.... giacchè nulla è valso per costoro e la mamma e Maria per vivere debbono avvilirsi con me al servizio altrui.... io, guarda, a un altro piuttosto scriverei.... a Roma....

— No, Marta! — esclamò Anna, afflitta.

— No.... no.... — si disdisse subito Marta, rovesciandosi di nuovo sul letto, con la faccia affondata nei guanciali. — No.... lo so! lo so!... Morire di fame, piuttosto....

Anna Veronica non seppe dirle più nulla. Carezzò con gli occhi pietosi, sul letto, quel corpo fiorente, scosso dal pianto; con una mano le rassettò sui piedi un lembo della veste che le si era rimboccato su la gamba.

Sospirò e uscì dalla camera.

Nè la signora Agata nè Maria, rivedendola, le domandarono nulla. Tutt'e tre stettero in silenzio un lungo tratto, con gli occhi fissi nel vuoto.

— Se tu andassi dal Torchiara?... — suggerì Anna, alla fine.

La signora Agata la guardò, come per dire: — A far che?

— È un'ingiustizia, — aggiunse Anna. — Qualche cosa il Torchiara ti dirà.... Anche per sentire.... Potete durar così?

Da due giorni, infatti, Marta non prendeva quasi cibo, buttata lì sul letto, irremovibile.

— Che vuoi che mi dica? — sospirò la signora Agata. — Ormai il posto è dato....

— Ma era stato promesso a Marta, prima! — disse Anna. — Ti spiegherà.... No, senza farti illusioni, lo so; ma ti dirà almeno qualche buona parola.... Per scuotere questa povera figliuola.... Su, Agata mia, va'.... Ora stesso! Lo so, è un sacrificio....

— Per me? — fece desolatamente la signora Agata, levandosi e aprendo le braccia.

Tutto per lei, ormai, era come niente. Non aveva più volontà. Si appuntò su i capelli, divenuti grigi in pochi mesi, il cappellino, e disse:

— Per me, vado subito....

Come se avesse veramente da vergognarsi di qualche cosa, ella però schivava per via gli sguardi della gente. Erano tanti, tutto il paese era per l'ingiustizia, per la condanna; e s'era nascosto il marito, l'uomo che non aveva chiesto mai nulla, che non s'era mai inchinato ad alcuno. Che era lei? Una povera donna era, sbigottita da quella ingiustizia, sbigottita dalla sciagura; e si vergognava, sì, della miseria, si vergognava della veste che aveva indosso.... Marta, Marta avrebbe dovuto starsene rassegnata e dimessa, ad aspettar giustizia dal tempo: avrebbero lavorato tutte e tre insieme, nell'ombra, e tirato innanzi alla meglio; senza andare a suscitar di nuovo tutta questa guerra....

Ecco la casa del Torchiara. Salì a stento, ansimando, la scala; innanzi all'uscio prima di sonare, si nascose il volto con le mani.

— È solo? — domandò per prima cosa alla serva, che venne ad aprirle.

— No.... c'è il professor Blandino, — le rispose questa.

— Allora.... aspetto qua?...

— Come vuole.... Intanto, la annunzio.

Poco dopo, il cavalier Claudio Torchiara, scostando con una mano la tenda dell'uscio e rialzandosi con l'altra sul naso le lenti fortissime da miope, che gli rimpicciolivano gli occhi, chiamò:

— Venga avanti, favorisca, signora!

La prese per mano e la condusse innanzi al canapè dello studio.

La signora Agata, inchinando il capo, con un sorriso mesto, sedette in un angolo del canapè.

— Il professor Luca Blandino, — aggiunse il Torchiara, presentandolo.

— Conosco.... conosco.... — interruppe l'uomo calvo e barbuto, porgendo distrattamente la mano alla signora che guardava imbarazzata. — La vedova di Francesco Ajala?... Gran galantuomo, suo marito!

Il Torchiara sospirò, rialzandosi una seconda volta sul naso le lenti legate in grossi cerchietti d'oro. Vi fu un momento di silenzio, durante il quale la signora Agata frenò a stento le lagrime.

— Com'è vero, — riprese il Blandino, con gli occhi chiusi, le braccia conserte, — com'è vero che la nostra condotta è per gli altri giusta o ingiusta, non in virtù della sua natura intrinseca, ma in virtù d'ordini estrinseci.... Come abbiamo giudicato noi Francesco Ajala? Lo abbiamo giudicato col vocabolario di cui comunemente ci serviamo parlando d'obblighi e di doveri, cioè senza penetrare affatto nel codice particolare prescritto a lui dalla sua stessa natura e redatto, per così dire, dalla sua educazione. Purtroppo così giudichiamo noi!

E si alzò.

— Te ne vai? — gli domandò il Torchiara.

Il Blandino non rispose: si mise a passeggiare per la stanza con le ciglia corrugate e gli occhi semichiusi, non intendendo affatto, nella sua distrazione, di quanto impaccio fosse alla signora la sua presenza e quanto sconveniente.

— Ella mi fa l'onore di questa visita per la sua figliuola, è vero, signora? — domandò piano il Torchiara, guardandola con aria di rassegnazione e di scusa per la presenza del Blandino, come se volesse dirle: — Pazienza! bisogna compatirlo: è fatto così....

Al Torchiara però non incresceva punto la presenza del Blandino. Lo aveva anzi trattenuto apposta all'annunzio della visita, per far che questa non durasse troppo e non riuscisse soverchiamente penosa all'ottimo suo cuore, sensibilissimo cuore. Gli toccava infatti di togliere le ultime speranze a quella povera madre.... Ma era troppo presto, ecco, per una nomina, fosse pur temporanea, di semplice supplenza.... Carriera difficile, difficilissima, quella dell'insegnamento! Bisognava attendere ancora un po', ecco.... Oh, l'avvenire sarebbe stato piano, ridente di belle promesse per la giovine maestra, senza alcun dubbio! Come, come? La Breganze? Ah sì.... E a questa interrogazione molto imbarazzante per l'ottimo suo cuore, il cavalier Torchiara si grattò il capo con un dito e si rialzò una terza volta sul naso le lenti. Sì, la Breganze, la nipote del consigliere Breganze, amico suo.... Nessuna inframmettenza, badiamo! Precedenza soltanto, questione di precedenza, ecco.... Non di valore! Per quanto la Breganze, brava insegnante anch'essa, via.... Ma egli sapeva bene che il valore della giovine maestra Ajala era incomparabilmente superiore.... oh sì! oh sì!

A Luca Blandino, mentre passeggiava assorto ne' suoi pensieri, con le mani congiunte dietro la schiena, giungevano alcune frasi a mezzo, che gli facevano corrugar vieppiù le ciglia, di tratto in tratto. Egli non intese nulla del penosissimo dialogo; notò solo l'espressione d'angoscioso smarrimento, di profonda disperazione sul volto della signora Ajala, quando ella si alzò e chinò il capo in segno di saluto.

— Auff! — sbuffò il Torchiara, dopo avere accompagnato la signora fino alla porta, rientrando in salotto. — Non ne posso più di questa maledetta faccenda! La compatisco, povera signora. Ma che posso farci io, se la figliuola.... Tu m'intendi! Abbiamo la disgrazia di vivere in una piccola città, dove certe cose non si sanno perdonare, nè dimenticare.... Non posso mica mettermi, signor mio, contro tutto il paese, Orazio sol contro *Beozia* tutta!

— Di che si tratta? — domandò il Blandino.

— Miserie, caro, miserie! Della più tremenda: quella in abito nero! Di pane si tratta.... Ma che posso farci io, signore Iddio benedetto? Me n'affliggo, e basta.

E spiegò al Blandino le ragioni della visita della signora Ajala.

— Come? E tu l'hai mandata via così? — esclamò il Blandino, in risposta. — Ohi ohi ohi.... m'hai tutto scombussolato.... Come? Perdio! Ma qui bisogna agire, riparare.... e subito!

Il Torchiara scoppiò a ridere.

— Dove vuoi andare adesso?

Il Blandino, tutto agitato, s'era messo a correre per la stanza.

— Il cappello!... Dove ho lasciato il cappello?

— La testa! la testa! — esclamò il Torchiara, ridendo ancora. — Cerca la testa piuttosto!

Lo afferrò per un braccio.

— Vedi? Poi ti dicono pazzo! Prima hai preso le parti del marito, nel duello; adesso vuoi difendere la moglie?

— Ma io non giudico come voi! — gli gridò Luca Blandino. — Io giudico secondo i casi: non mi traccio, come voi, una linea: fin qui è male, fin qui è bene.... Lasciami agire da pazzo! Vado a scrivere un letterone d'improperii a Gregorio Alvignani.... Ah, lui, il grand'uomo, se ne deve uscire così, dopo aver gettato nell'ignominia e nella miseria un'intera famiglia? Ma sai che le lettere gliele buttava dalla finestra come un ragazzino? Ti saluto.... ti saluto....

E il Blandino scappò via, tra le risa sforzate del cavalier Claudio Torchiara.

XIV.

Circa tre mesi dopo, inaspettatamente, venne a Marta un invito del Direttore del Collegio.

La vecchia portinaja Sabetti, che aveva recato dolente la cattiva notizia della supplenza accordata alla Braganze, entrò questa volta gridando, invece, tutta esultante.

— Signorina! Signorina! La avremo con noi! Con noi, signorina bella! Tenga, legga questo biglietto....

Fu, nella squallida desolazione, come un raggio di sole improvviso. Marta diventò in volto di bragia.

— Che felicità! — seguitava la vecchia Sabetti, gestendo con fuoco. — La maestra Flori della seconda preparatoria, se ne torna lassù, fuorivia! Ha ottenuto il trasloco, Dio sia lodato! Le ragazze rifiateranno....

— Debbo recarmi in giornata al Collegio.... — annunziò Marta, con voce tremante dalla commozione, dopo aver letto l'invito.

— Sissignora! — riprese la vecchia portinaja. — E vedrà che è per questo! Ne sono sicura!

— Ma come! — osservò Marta. — La Flori, trasferita?

— Traslocata, sissignora! Fortuna, le dico, per le povere ragazze.... Che pittima!

— Con l'anno scolastico già cominciato?... — osservò Marta, non sapendo che pensare.

— Il Torchiara, forse.... — sfuggì alla signora Agata.

E riferì alla figlia la visita fatta di nascosto all'ispettore scolastico.

Poco dopo, mentre si vestiva per recarsi al Collegio, passata la prima commozione, Marta intuì a chi doveva quella nomina tardiva: n'ebbe una scossa, e sentì mancarsi a un tratto la forza d'aggangiare il busto alla vita.

Ricominciò la guerra fin dal primo giorno di scuola.

Già le altre maestre del Collegio, oneste e brutte zitellone, se la recarono subito a dispetto. Gesù, Gesù! un breve saluto, la mattina, con le labbra strette, e via; un lento e sostenuto cenno del capo, ed era anche troppo! Un'onta per la classe delle insegnanti! un'onta per l'Istituto! Il mondo, sì, intrigo: per riuscire, mani e piedi! ma onestamente, oh! anzi, *onoratamente....*

E, sotto sotto, comentavano con acre invida malignità il modo con cui il direttore e gli altri professori del Collegio fin dal primo giorno si erano messi a trattar l'Ajala; e rimpiangevano quella cara maestra Flori, che non avrebbero più riveduta. La Flori: che pena!

Riusciti vani i nuovi e più aspri reclami delle famiglie, le ragazze (assentatesi per alcuni giorni dalla scuola all'annunzio della nomina di Marta) cominciarono man mano a ripigliare le lezioni; ma cattive, mal prevenute, astiose, messe su evidentemente contro la nuova maestra dai genitori.

A nulla giovò l'affabilità con cui Marta le accolse per disarmarle fin da principio; a nulla la prudenza e la longanimità. Esse si sottraevano sgarbatamente alle carezze, si mostravano sorde ai benevoli ammonimenti, scrollavano le spalle a qualche rara minaccia; e le più cattive, nell'ora della ricreazione in giardino, sparlavano di lei in modo da farsi sentire o, per farle dispetto, accorrevano ad attorniare le antiche maestre e a carezzarle, piene di moine e di premure, lasciando lei sola a passeggiare in disparte.

Ritornando a casa, dopo sei ore di pena, Marta doveva fare uno sforzo violento su sè stessa per nascondere alla madre e a la sorella il suo animo oppresso, esasperato.

Ma un giorno, ritornando più presto dal Collegio, accesa in volto, vibrante d'ira contenuta a stento, appena la madre e Anna Veronica le domandarono che le fosse avvenuto, ella, ancora col cappellino in capo, scoppiò in un pianto convulso.

Esaurita finalmente la pazienza, vedendo che con le buone maniere non riusciva a nulla, per consiglio del Direttore s'era messa a malincuore a trattare con un po' di severità le alunne. Da una settimana usava prudenza con una di esse, ch'era appunto la figlia del consigliere Breganze, una magrolina bionda, stizzosa, tutta nervi, la quale, messa su dalle compagne, era giunta finanche a dirle forte qualche impertinenza.

— E io ho finto di non udire.... Ma quest'oggi alla fine, poco prima che terminasse la lezione, non ho saputo più tollerarla. La sgrido. Lei mi risponde, ridendo e guardandomi con insolenza. Bisognava sentirla! — Esca fuori! — Non voglio uscire! — Ah, no! — Scendo dalla cattedra per scacciarla dalla classe: ma lei s'aggrappa alla panca e mi grida: — Non mi tocchi! *Non voglio le sue mani addosso!* — Non le vuoi? Via, allora, via! esci fuori! — e fo per strapparla dalla panca. Lei allora si mette a strillare, a pestare i piedi, a contorcersi. Tutte le ragazze si levano dalle panche e le vengono intorno; lei, minacciandomi, esce dalla classe, seguita dalle compagne. È andata dal Direttore. Questi non mi dà torto in loro presenza; rimasti soli, mi dice che io aveva un po' ecceduto; che non si debbono, dice, alzar le mani su le allieve... Io, le mani? Se non l'ho toccata! Alla fine però accetta le mie ragioni.... Ma Dio, Dio, come andare innanzi così? Io non ne posso più!

Il giorno appresso, intanto, il padre della ragazza, il consigliere cavaliere ufficiale Ippolito Onorio Braganze, andò a fare una scenata nel gabinetto del Direttore.

Era furibondo.

L'obesità del corpo veramente non gli permetteva di gestire come avrebbe voluto. Corto di braccia, corto di gambe, portava la pancetta globulenta in qua e in là per la stanza, faticosamente, facendo strillare le suole delle scarpe a ogni passo. Alzare le mani in faccia alla sua figliuola? Neanco Dio, neanco Dio doveva permetterselo! Lui, ch'era il padre, non aveva mai osato far tanto! Si era forse tornati ai beati tempi dei gesuiti, quando s'insegnava a colpi di ferula su la palma della mano o sul di dietro? Voleva pronta e ampia soddisfazione! Ah sì, perrrdio! Se la signora Ajala aveva valide protezioni e preziose amicizie, lui, il consiglierrr Breganze, avrebbe rrreclamato rrriparazione e giustizia più in alto, più in alto (e si sforzava invano di sollevare il braccino) — sissignore, più in alto! a nome della Morale offesa non solo dell'Istituto, ma dell'intero paese.

E *dri dri dri* — strillavano le scarpe.

Il Direttore non riusciva a calmarlo. Gli veniva quasi da ridere: in paese si diceva che colui non era veramente il padre della sua figliuola. Ma il consigliere Ippolito Onorio Breganze, paonazzo in volto, non poteva accontentarsi della semplice riprensione fatta a quattr'occhi alla maestra: pretendeva, esigeva una grave, una seria punizione! A lui, adesso, non istava più a cuore soltanto la sua cara piccina, ma anche "la salute morale, signor Direttore, di tutto il paese scandalizzato!" Non era forse a conoscenza il signor Direttore di quanto era avvenuto? non sapeva a qual donna si era affidata l'educazione delle tènere menti, delle gracili anime?

— È un'im-mo ra-li-tà! — tuonò alla fine con tutta la voce, sillabando. — O ci rimedia lei, o ci rimedio io. Vado a far reclamo formale all'Ispettore scolastico! La riverisco.

E cacciandosi di furia in capo, puhm! il cappello a stajo, se ne andò. Entrava il bidello. Si diedero un inciampone così forte, che per poco non si gettarono a terra tutti e due.

— Scusi....

— Scusi....

E *dri dri dri*....

Due giorni dopo, il Direttore del Collegio fu chiamato dall'Ispettore scolastico.

Da due mesi il Torchiara notava, costernato, il grave danno che quella nomina della maestra Ajala produceva in paese alla posizione politica non ancora assodata dell'Alvignani. — “ Signor mio, il cuore è stato sempre il gran nemico della testa! „ — aveva ripetuto più volte a sè stesso. Perchè si dilettava, il cavalier Claudio Torchiara, di formulare aforismi, intercalandovi di solito quel *Signor mio* anche quando gli enunziava a una donna o, per solitario spasso, a sè medesimo.

La visita furibonda del consiglier Breganze lo aveva lanciato addirittura in un mare di confusione. Adesso, dunque, pure il Municipio si sarebbe voltato contro l'Alvignani? Aveva promesso al Breganze riparo e soddisfazione, ora invitava il Direttore del Collegio: vagliando e traendo giudizio dalle opposte versioni del fatto, avrebbe scritto all'Alvignani per provvedere alla meglio e salvare all'uopo, come suol dirsi, capra e cavoli. In ultima analisi, pazienza per la capra. I cavoli, in questo caso, erano i voti con cui Gregorio Alvignani era stato eletto deputato.

Il Direttore del Collegio, sebbene stanco ormai delle noje che gli aveva cagionate involontariamente quella maestra, difese pure innanzi all'Ispettore, per debito di coscienza, Marta.

— Capisco, capisco, — gli rispose il cavalier

Torchiara. — Ma l'ingegno, signor mio, e la volontà di far bene non bastano; bisogna pure guardare, guardare nella vita privata, la quale, signor mio, influisce, ha il suo peso e non poco su la considerazione, in cui le allieve debbono tenere la propria maestra, mi spiego?... la quale....

Ma il Direttore era venuto da poco in paese; non sapeva i precedenti della maestra; ammirato invece del grande valore di lei, credeva meritasse ogni considerazione.

— E ne terremo conto! — esclamò il cavalier Torchiara. — Come no? ne terremo conto; tanto più che io so in che tristi condizioni versi la famiglia di lei, la quale.... Non dubiti, si provvederà, con un trasferimento, per esempio, vantaggioso per la maestra.... Intanto, signor mio, il naso bisogna pur cacciarlo fuori della scuola.... e.... e tener conto dei reclami del pubblico, il quale.... Ecco, pare tuttavia che la signora maestra, per quanto, non dico di no, provocata e anche in certo qual modo scusabile.... pare abbia.... sì, dico, ecceduto un tantino.... Eh già! Il Breganze, signor mio, personaggio di conto.... eh!... e anche nell'interesse della maestra, sarà meglio dargli qualche soddisfazioncella, perchè la cosa non esca dalle sfere scolastiche, mi spiego?... Senta, facciamo così. Lei persuada la maestra Ajala a darsi per ammalata per una quindicina di giorni, e intanto chiami una supplente perchè le alunne non abbiano a soffrirne nello svolgimento del programma, il quale.... Nel frattempo si provvederà. Va bene così?

E lo stesso giorno scrisse una lunga lettera confidenziale al *suo caro Gregorio*, scongiurandolo di far tutto il possibile per ottenere il trasferimento della sua "raccomandata„ — causa per lui di gravissimi danni. Non s'illudeva su le difficoltà; ma a lui, all'Alvignani, dopo lo splendido discorso alla Camera dei Deputati nella discussione del bilancio della pubblica istruzione (discorso che, d'un colpo — non per adularlo! — gli aveva creato una vera posizione parlamentare, come tutti i giornali assicuravano), nessuna difficoltà doveva riuscire insormontabile. Per quell'anno, del resto, la maestra Ajala poteva andare come supplente nel Collegio Nuovo in Palermo (posto vacante).

In attesa di così grave decisione, Marta fu costretta a prolungare di altri quindici giorni "la sua malattia„. Dopo circa un mese arrivarono due lettere dell'on. Alvignani, una per Marta, l'altra per l'ispettore Torchiara.

Nel ricevere quella lettera, Marta provò un vivissimo turbamento. Avvilita dall'impotenza di lottare contro l'ingiustizia potente di tutti;

rivoltata della punizione inflittale immeritamente, si sentiva ormai avvelenata di odio e di bile. Quella lettera le parve un'arma per la vendetta.

Era sapientemente composta: non una anche vaga allusione al passato, che potesse in quel momento urtarla; ma, sotto le amare riflessioni su la vita e su gli uomini, tanta intuizione dello stato d'animo in cui ella si trovava! Meglio, meglio chiudersi in un sogno continuo, sopra le volgarità e le comuni miserie dell'esistenza quotidiana, sopra il giogo livellatore delle leggi a un palmo del fango, rete protettrice dei nani, ostacolo e pastoja a ogni ascensione verso una idealità!

Le diceva d'aver saputo quanto a lei era toccato di soffrire in quegli ultimi tempi e le annunziava il trasferimento e la nomina, per liberarla dal fango che l'attorniava. Si era presa lui, spontaneamente, questa libertà, sicuro d'interpretare un desiderio che ella non gli avrebbe mai manifestato; e la pregava di lasciarlo fare, di concedere almeno che, da lontano, egli si prendesse cura e si ricordasse sempre di lei. Purtroppo, i mezzi che gli si offrivano per manifestare rispettosamente tutto l'animo suo eran meschini e ristretti!

In capo al foglio, ancora qui, latinamente inciso, il motto: NIHIL - MIHI - CONSCIO.

Un solo rammarico per Marta, per Maria e per la madre, partendo: quello di lasciar Anna Veronica.

Povera Anna! Faceva loro coraggio, ma in fondo al cuore era la più disajutata: esse erano in tre; lei sarebbe rimasta sola, sola, sola, come abbandonata tra nemici. E di nuovo per lei il silenzio, di nuovo la solitudine, i giorni tristi, lunghi, uguali....

— Mi scriverete, però!

Diceva di non voler piangere, e piangeva. Le labbra costrette per forza a sorridere, invece di un sorriso, facevano il greppo.

Volle accompagnarle fino alla stazione ferroviaria a pie' del colle su cui sorgeva la città. Durante il tragitto in vettura, non scambiarono una parola. Era una giornata umida, grigia, e la vecchia vettura rimbalzava su i fradici sassi dello stradone scosceso, scotendo continuamente i vetri mal connessi degli sportelli, i quali davano un frastuono irritante.

Quando poi il convoglio stava per partire, Anna Veronica e la signora Agata, rimaste aggrappate l'una all'altra, soffocando i singhiozzi ciascuna su l'omero dell'altra, furon quasi strappate con violenza dal conduttore. Già la vaporiera fischiava, lì lì per mettersi in moto.

Anna rimase col volto bagnato di lagrime e

le braccia tese che si andavano lentamente abbassando, man mano che il nero convoglio si allontanava; gli occhi fissi a gli sportelli del vagone in cui le tre amiche eran salite, e da cui ancóra fin laggiù, fin laggiù, si agitavano in saluto i fazzoletti.

— Addio.... Addio.... — mormorava quasi a sè stessa, agitando il suo, l'abbandonata.

PARTE SECONDA.

I.

Una gaja casetta in via del Papireto, all'ultimo piano, ariosa: quattro lucide stanzette, col pavimento di mattoni di Valenza, con carta da parato un po' sbiadita, sì, ma senza strappi e di tinta gentile. La meno angusta sarebbe servita per la signora Agata e per Maria, che dormivano insieme; quella attigua, per Marta; da letto e da studio: vi si sarebbe adattata volentieri in grazia del balcone che dava su la via del Papireto; le altre due, sala da pranzo e salotto, da metter su per bene col tempo. Delizia della casa, un terrazzo, la cui balaustrata a pilastrini pareva, a guardarla dalla via, una corona che cingesse l'edificio. Quanti fiori vi avrebbe coltivati Maria!

Marta aveva trovato questa casa, quasi guidata da un lontano ricordo. Il padre, nel condurla a Palermo tanti anni addietro, aveva voluto mostrarle il luogo ove da giovane aveva combattuto, il giorno stesso dell'entrata di Garibaldi.

Lì, all'imboccatura di quella via, egli, in compagnia d'altri due volontarii, sparava contro una nuvola di fumo che partiva da lontane case di fronte, ove s'erano appiattate le soldatesche borboniche. Uno dopo l'altro, i due compagni eran caduti: egli seguitava a tirar fucilate, quasi aspettando che un'altra palla venisse per lui. A un tratto, s'era sentito battere leggermente a una spalla, e dir così:

— Giovanotto, levatevi di qua: siete troppo esposto.

Si era voltato, e aveva veduto Lui, Garibaldi, tutto impolverato, calmo, con le ciglia aggrottate, il quale, scostandolo, si era esposto, senza nemmeno pensarci, al posto che aveva stimato pericoloso per un semplice volontario.

Marta aveva voluto, a sua volta, condurre la madre e la sorella a quella via, per indicar loro il posto. Per caso, alzando gli occhi, aveva scorto un cartello con l'appigionasi giusto lì, al portoncino su l'imboccatura del vicolo. E avevano preso a pigione quella casa per memoria del padre, quasi perchè il padre stesso ve le aveva condotte.

Maria, con quel ricordo nell'anima, vi si sentiva meno sola e come protetta.

Rassettatesi alquanto, dopo il trambusto, cominciarono tutte e tre a provvedere ai primi bisogni della nuova dimora. Le poche masserizie scampate alla rovina non bastavano più: poveri, malinconici avanzi di naufragio, a cui pur tanti ricordi s'aggrappavano.

Uscivano di casa insieme per qualche compera, senza saper dapprima dove dirigersi. Si fermavano a guardar nelle vetrine di questo o di quel negozio, fuggendo la tentazione di entrare nei più ricchi. Smarrite per le vie della città, tra tanta gente ignota e il moto e il frastuono continui, provavano, nello smarrimento, un certo sollievo: nessuno lì le conosceva; potevano andare di qua, di là, indugiarsi a guardare a loro agio, liberamente, senza attirar gli sguardi maligni della gente. A Marta dava segreto fastidio l'ammirazione che suscitava nei passanti. Talvolta, per esser meno notata, usciva di casa senza rifarsi a modo i capelli.

— Così, così.... — diceva a Maria, appuntandosi il cappellino e ravviandosi poi appena appena, in fretta, le ciocche su la fronte.

Ma s'accorgeva, pur senza volerlo, che quel po' di disordine cresceva grazia alla sua figura: fuggevolmente glielo diceva lo specchio, glielo ripetevano poi gli sguardi dei passanti e le vetrine delle botteghe.

Al Collegio Nuovo, intanto, era stata accolta con benevolenza dalla vecchia direttrice, vera signora piena di garbo e di gusto, degna di presiedere a quel regio educandato, ove era accolto il fiore dell'aristocrazia e del censo.

I modi e la figura di Marta attirarono subito l'attenzione della vecchia direttrice, la quale non volle nascondere alla signora Agata il gradimento di avere per maestra " una bella figliuola „ come quella. Tutto nella vita, su la terra, per la vecchia signora linda, curata, abbigliata con squisita eleganza, era fatto per la gioventù e per far sospirare i poveri vecchi. E dicendo ciò sorrideva: ma chi sa da qual fondo d'amarezza affiorava quel sorriso. Da vecchia, ella ormai non era brutta, anche perchè si dimostrava così affabile e buona; ma da giovane non aveva dovuto esser bella. Tanto maggior merito, dunque, per la sua bontà.

Diede a Marta, con quell'amorevolezza semplice che rassicura, notizia del collegio, delle altre insegnanti interne, di tre professori, delle convittrici, dipingendo tutti con parola festevole, facilissima; parlò dell'orario della scuola, parlò un po' di tutto; e finalmente accordò a Marta quattro giorni di vacanza.

Marta uscì dal collegio come abbagliata di quell'accoglienza cordiale, che riferì poi a Maria, lodando tutto: l'edificio del collegio, il lusso interno, l'ordine che doveva regnarvi. E dopo il primo giorno di scuola tornò a casa raggiante anche dell'accoglienza che le avevano fatta le convittrici dopo la presentazione lusinghiera della direttrice.

Al lieto umore di Marta rispondevano in quei giorni i primi accenni in terra e in cielo della rinascente primavera. L'aria era fredda ancora, frizzante nel mattino, quand'ella si recava al collegio; ma era così limpido il cielo e così puro e saldo quel rigore del tempo, che gli occhi eran felici di guardare e il seno d'allargarsi in larghi respiri. Pareva che l'anima delle cose, serenata finalmente dalla lieta promessa della stagione, si componesse, obliando, in una concordia arcana, deliziosa.

E quanta serenità, quale freschezza nello spirito, in quei giorni, e che pace interiore! Si ridestava in Marta il lucido e gajo senso che, da bambina, possedeva della vita. Era paga: aveva vinto; sentiva di far bene, e le piaceva di vivere. Oh che brulichìo sommesso avevano le foglie nuove, al levarsi del sole, quand'ella passava sotto gli alberi di Piazza Vittorio innanzi alla Reggia normanna, e poi sotto quelli del corso Calatafimi oltre Porta Nuova. La chiostra dei monti pareva respirasse nel tenero azzurro del cielo, come se quei monti non fossero di dura pietra.

E andando così, senza fretta, Marta pensava alle lezioni da impartire, e dal benessere che sentiva, non solamente le idee sgorgavano spontanee, ma quasi le zampillavan le parole che avrebbe dette, i sorrisi con cui le avrebbe accompagnate. Provava uno stringente bisogno d'essere amata dalle allieve, eppure indugiava in quell'aria fresca della via per goder poi maggiormente del calore di quell'amor riverente delle alunne, nella tiepida stanza della scuola.

Davvero, davvero eran passati i lugubri giorni; la primavera davvero ritornava anche per lei. Non la terra soltanto scoteva le ombre invernali; anch'ella poteva sottrarsi all'incubo delle tristi memorie.

In casa, anche la madre e Maria parevano a Marta contente, e ne gioiva in fondo al cuore, con la coscienza ch'esse eran così per lei. Vivevano tutte e tre l'una per l'altra, schivando ogni ricordo del passato che le riconducesse col pensiero al paese natale, donde una sola immagine cara veniva: quella di Anna Veronica, della quale parlavano spesso, rileggendo le lunghe lettere ch'ella inviava. Così Anna rimaneva ancora la loro unica amica, l'unica compagna in quella separazione, quasi istintiva ormai, dal mondo.

Degli altri inquilini della casa ricevettero soltanto una visita, che offrì loro in seguito e per parecchio tempo cagione di molte risa. Si era anche novamente stabilita in Marta la disposizione a scoprire e a rappresentare il ridicolo nascosto un po' in fondo a tutte le cose e a tutte le persone, ch'ella rifaceva negli atteggiamenti e nella voce con straordinaria facoltà imitativa. Le gambe di don Fifo Juè, l'inquilino del secondo piano, e il suo modo di sedere, la parlantina e i gesti romantici di sua moglie furono da lei resi con tanta comicità, che la madre e Maria si tenevano i fianchi dal troppo ridere:

— Basta, Marta, per carità!...

Questo don Fifo Juè e la moglie, che si chiamava Maria Rosa, si presentarono parati di strettissimo lutto, con gli occhi bassi, l'espressione compunta, come se tornassero allora allora da un accompagnamento funebre.

— Visita di convenienza.... siamo gl'inquilini del secondo piano, — dissero con voce flebile a Maria che, aperta la porta, era rimasta perplessa innanzi a quei due sconosciuti. Ed emisero, con un lamento della gola, un breve sospiro.

Introdotti nel "futuro" salotto, don Fifo, lungo e magro, sedette con le gambe unite, i piedi congiunti, toccando appena il pavimento con la punta delle scarpe; le braccia conserte, come un ragazzo in castigo. I suoi pantaloni erano così stretti, che parevano cuciti su le gambe. Donna Maria Rosa, grassa e rubiconda, si rialzò su una spalla il lunghissimo e fitto velo di crespo che le pendeva dal cappello sul volto e, sedendo, trasse un altro sospiro lamentoso.

Erano marito e moglie da tre mesi. Da un anno soltanto era morto il primo marito di donna Maria Rosa, don Isidoro Joè, detto don Dorò, fratello maggiore di don Fifo. E donna Maria Rosa, durante la lunga visita, non parlò che del marito defunto e del suo primo matrimonio, con le lagrime agli occhi e nella voce, come se don Dorò fosse morto jeri. Don Fifo, immobile, ascoltava con gli occhi bassi e le braccia conserte quell'eterno elogio funebre del fratello, di cui egli pareva il sarcofago e la moglie il cenotafio.

Ah, nessuno, nessuno avrebbe saputo ridire tutte le virtù di don Dorò (*le veltù* — diceva donna Maria Rosa per parlare in lingua). Ella e don Fifo, mentre Dorò viveva, si eran data la mano per circondarlo di cure e di rispetto. Egli, Dorò, era stato la loro guida nella vita, il loro maestro. Marito, moglie e cognato erano vissuti sempre insieme, un'anima in tre corpi.

— Nella pace degli angioli, signora mia!

E Dorò stesso, con le sue labbra, sant'anima! morendo, aveva balbettato ai due infelici superstiti: — Fifo, dice, ti raccomando, dice, Maria Rosa! Maria Rosa, dice, ti raccomando Fifo! Consolatevi! Consolatevi! Seguitate a vivere l'uno per l'altra....

— Ah, signora mia! — proruppe a questo punto donna Maria Rosa già al colmo della commozione, ricordando quelle parole e asciugandosi gli occhi ch'eran divenuti due fontane di lacrime, con un fazzoletto listato a bruno. — Noi, del resto, — riprese poco dopo, rassettatasi alquanto e soffiatosi strepitosamente il naso, — noi, del resto, abbiamo domandato consiglio, signora mia, a tutti i conoscenti, uno per uno, raccomandando che ci ajutassero con la loro esperienza, che ci dicessero coscienziosamente ciò che avremmo dovuto fare noi due poveretti rimasti soli, senza la sant'anima! La nostra condizione era questa: cognati.... e dovevamo vivere insieme, sotto lo stesso tetto.... la gente avrebbe potuto sparlare.... E tutti, tanto buoni, bisogna dire la verità, ci hanno consigliato di dar questo passo, tutti! Siamo entrambi d'una certa età, è vero; ma sa, signora mia, la maldicenza com'è? dove non può mettere i piedi, mette le scale.... E in questa città poi....

— Oh, da per tutto! — sospirò la signora Agata.

— Da per tutto, da per tutto, dice bene, signora mia.... Così, ci siamo sposati ch'è poco.... Abbiamo dovuto aspettare i nove mesi prescritti dalla legge, benchè per me, sa, non ci fosse pericolo, come volevo far notare ai signori del Municipio: figli, niente; Dio non m'ha voluto consolare; Dorò malaticcio sempre e deboluccio, signora mi....a. Basta, ci siamo sposati.

Don Fifo pareva tutto appiccicato, e che, movendosi a parlare, si spiccicasse tutto: le labbra, la lingua, le pàlpebre, le pinne del naso. Soltanto le gambe gli restavano appiccicate l'una all'altra. Ma, in fin dei conti, non parlò molto. A un certo punto, ruppe in questa esclamazione:

— Ah, dolori, signora, dolori! Cristo solo lo sa!

E per poco Marta e Maria non scoppiarono a ridergli in faccia.

II.

Marta avrebbe voluto rifare tanto alla madre quanto a Maria la vita comoda e lieta d'una volta, allor che il padre viveva, e prosperava la concerla. E non risparmiava sacrifizii e lavoro. Aveva ottenuto dalla direttrice del collegio di dar lezioni particolari alle piccole convittrici delle classi inferiori; e quel che traeva da queste lezioni e lo stipendio mensile dava intatto alla madre, a cui proibiva di lamentarsi della troppa fatica alla quale si sottoponeva giornalmente, senza goder poi nulla dei frutti. Ma la madre s'ingannava. Marta non godeva? O non eran frutti del suo lavoro la rinata fiducia nella vita tanto della madre quanto de la sorella, e la presente pace? non era premio al suo lavoro il sorriso che ora ritornava spontaneo alle loro labbra? Avrebbe dato il sangue delle vene per vederle ancor più contente, per godere alla vista d'altri sorrisi su le loro labbra. E in fondo al cuore si sentiva inebriata della propria generosità, giacchè ella nell'intimo suo non s'era mai acchetata all'offesa che il padre le aveva fatto, condannandola cecamente e precipitando la famiglia nella miseria.

L'unica passione di Maria pareva la musica? Ebbene: un pianoforte a Maria, quasi nuovo, da pagare a un tanto al mese. Tener nella piccola dispensa le derrate per tutto un mese contribuiva a rendere più quieta e paga la madre? Ebbene, contenta anche la madre; e la piccola dispensa era sempre ben provvista.

Don Fifo Juè e la moglie salivano qualche sera a tener compagnia alle tre donne, e il defunto Dorò continuava a far le spese della conversazione.

Per loro mezzo Marta seppe che la signora Fana, la moglie del Pentàgora, viveva ancora nella più squallida miseria.

— Noi abbiamo una casa in via Benfratelli, signora mia, — disse una sera donna Maria Rosa, — e nell'ultimo piano, in due stanzette, abita una povera donna divisa dal marito. Il marito è un regnicolo delle loro parti.... Forse loro lo conosceranno.... si chiama.... di', Fifo, ti rammenti?

— Fana: Stefana, — rispose Fifo spiccicandosi.

— No, dico lui, il marito....

— Ah, sì.... aspetta, Pentàgono!

Maria rise involontariamente.

— Pentàgora, — corresse la signora Agata, per scusare il riso della figlia.

— Lo conoscono?

Donna Maria Rosa volle sapere che uomo fosse, e parlò a lungo della moglie infelice.... Nè Marta nè la signora Agata riuscirono a farle cangiar discorso per quella sera.

Maria s'era ridata con fervore allo studio del pianoforte; e la sera, dopo cena, sonava, mentre la madre cuciva, e Marta nella stanza attigua correggeva i còmpiti di scuola.

Così chiusa, non vista dalla madre e dalla sorella, spesso Marta sospendeva l'ingrato lavoro e, coi gomiti appoggiati sul tavolino e la testa fra le mani, rimaneva quasi in un attonimento d'ignota attesa, o s'inteneriva fino alle lagrime alla patetica musica di Maria. Una profonda malinconia le stringeva la gola. Non pensava a nulla, e piangeva. Perchè? Vago, ignoto dolore, pena d'indefiniti desiderii.... Si sentiva un po' stanca, non di spirito, ma nel corpo: stanca.... Mentre la madre e la sorella lodavano il suo coraggio, la paragonavano al padre per l'energia, per la volontà; a lei, quelle sere, quasi non riusciva ingrata la sua amarezza, quell'intenerimento indefinito che la faceva piangere e quel languore greve a cui abbandonava con triste voluttà le membra rilassate; la coscienza infine che in quel momento ella si faceva d'esser debole e donna.... No, no: non era forte.... E infatti, perchè piangeva così? Oh, via, via: sciocchezze da bambina.... E cercava il fazzoletto, scotendosi; e si rimetteva al lavoro, con nuova lena.

Di questa condizione di spirito di Marta nè la madre nè Maria s'accorgevano. Ella si guardava bene dal lasciarla trapelare; cercava anzi con ogni arte di non venir mai meno al concetto ch'esse si erano formato di lei. Il suo còmpito era questo, doveva esser questo. E aveva finanche nascosto alla madre una lettera di Anna Veronica, in cui si parlava a lungo di Rocco, delle furie di costui dopo la loro partenza, di minacce di nuovi scandali, di pazzie....

Perchè affligger la madre con tali notizie? E Marta aveva risposto ad Anna Veronica, che ella non si curava nè voleva più sentir parlare di colui, prima sciocco, adesso pazzo; tristo prima e adesso.

Vedeva intanto la madre e la sorella ritornate alle abitudini, alla calma d'una volta, alla vita semplice e tranquilla di prima; e maggiormente, per forza di contrasto, sentiva penetrarsi dal convincimento che lei sola era l'esclusa, lei sola non avrebbe più ritrovato il suo posto, checchè facesse; per lei sola non sarebbe più ritornata la vita d'un tempo. Altra vita: altro cammino.... La pace, la felicità de' suoi, lo studio, la scuola, le alunne: ecco quello che le restava, ecco la metà del nuovo cammino.... — null'altro!

Se ne doleva? No: eran momenti di passeggera tristezza. Dopo la fosca invernata, durante la quale il colore del tempo s'era accordato coi suoi pensieri, si ridestava adesso per quella nuova via al gajo sole di primavera, di cui un raggio era penetrato a frugare, a sommuoverle la torbida posatura di tanti dolori in fondo al cuore: ed era triste per questo; o era effetto della lettera di Anna Veronica o della musica di Maria?

Non voleva più curarsi di sè. La madre si era rimessa a pettinarla ogni mattina; ma lei non voleva che perdesse tanto tempo ad acconciarla.

— Basta, mamma.... Lascia.... Così va bene....

E allontanava lo specchietto a bilico che teneva sul tavolino, quasi infastidita della propria immagine, dello splendore intenso degli occhi, delle labbra accese. Se poi la madre la costringeva a stare ancor seduta, sotto il pettine, ella sbuffava dall'impazienza, diventava irrequieta, smaniosa, come se sottostesse a una tortura. Perchè, a che pro, adesso, tanto studio e tanto amore per la sua acconciatura? Non intendeva la madre che a lei, adesso, non doveva importare proprio nulla di comparire più o meno bella?

E un giorno che la madre volle provarle i ricci su la fronte, non ostante le vivaci ripulse, terminata l'acconciatura, Marta piangeva.

— Come? Piangi? Perchè? — le domandò, sorpresa, la madre.

Marta si sforzò di sorridere, asciugandosi gli occhi.

— Per nulla.... Non ci badare....

— Santa figliuola, ma perchè? Ti stanno tanto bene....

— No, non voglio.... Disfà, disfà.... Sto meglio senza....

Non era una crudeltà incosciente della madre? E intanto, ella, che bambina! Piangere così, per nulla, in presenza di lei.....

Durante il giorno si mostrò più vivace del solito, per cancellar l'impressione di quelle lagrime nell'animo della madre.

Provava un turbamento nuovo, un incomprensibile timore, un'apprensione strana, adesso, nel vedersi sola, senza nessuno allato, per le vie aperte, tra la gente che la guardava.

Nessuno, è vero, l'aveva molestata; ma si sentiva ferita da tanti sguardi; le pareva che tutti la guardassero in modo da farla arrossire; e andava impacciata, a capo chino, mentre gli orecchi le ronzavano e il cuore le batteva forte. Perchè? E come mai, tutt'a un tratto, la sua presenza di spirito s'era rintanata così in quello sciocco timore? di che temeva? non aveva tante volte riso di certe zitellone che avevan ritegno a uscir sole per la città, paventando a ogni passo un attentato al loro pudore?

Pure, appena entrata nel collegio, si rinfrancava. E la presenza di spirito le ritornava di fronte ai tre professori, che spesso trovava in sala, e coi quali scambiava qualche parola, prima che ciascuno si recasse a dettar la propria lezione nelle varie classi.

Si era accorta che due di essi intendevano farle velatamente, e ciascuno a suo modo, la corte. E non che temerne, ne rideva fra sè; fingeva di non accorgersi proprio di nulla, e pigliava a goderseli segretamente, notando il vario effetto che il suo contegno produceva in quei due.

Il professor Mormoni, Pompeo Emanuele Mormoni, autore di ben quattordici volumi in ottavo di Storia Siciliana, *con appendice dei nomi e dei fatti più memorabili, con date e luoghi*, alto, grosso, bruno, dai grand' occhi neri e dal gran pizzo qua e là appena brizzolato come i capelli, dignitoso sempre nella sua napoleona e col cappello a stajo, si gonfiava dal dispetto come un tacchino e, così gonfio, pareva volesse dire a Marta: — Oh, sai, carina? se tu non ti curi di me, neanch'io di te: non t'illudere! Ma se ne curava, invece, e come! e quanto! Certi momenti pareva fosse lì lì per scoppiare. Aveva finanche perduto, sedendo, i suoi atteggiamenti monumentali, per cui tutte le seggiole diventavano quasi tanti piedistalli per lui: — Scolpitemi così!

Marta di tanto in tanto sentiva scricchiolare la seggiola, su cui il Mormoni stava seduto, e tratteneva a stento un sorriso. Tutte le seggiole della sala d'aspetto, da un mese a quella parte, erano sfilate; a una era saltata la cartella, a un'altra le stecche.

Attilio Nusco, l'altro insegnante, chiamato comunemente nel Collegio il *professuricchio,* era al contrario fino fino, piccolo, gracile, timido, tutto vibrante, tutto impacciato. Povero Nusco, come se diffidasse di trovare il suo posticino nella vita, pareva che con lo sguardo, coi sorrisi, con gl'inchini frettolosi della miserrima personcina, volesse accaparrarsi il favore degli altri, per non esser cacciato via. E occupava, sedendo, il minor posto possibile (*scusi! scusi!*); parlando, la voce gli tremava; non contradiceva mai alcuno; era come imbarazzato sempre dell'eccessiva sua compitezza. Avrebbe voluto pesare su gli altri men che un fuscellino di paglia. E intanto, il cuore!... Ah, quella Marta: non s'accorgeva proprio di nulla?

Il poveretto si provava man mano a uscire un tantino dalla propria timidezza, come dalla tana una lucertolina insidiata: prima la punta del musetto; poi un altro tantino, fino a gli occhi; poi tutta la testina, quasi aspettando d'esser colta dal cappio alla posta.

Si era spinto a temerità inaudite: fino a domandare a Marta, sudando: — *Sente freddo stamani?* — Portava a scuola qualche primo fiore della stagione; ne rigirava il gambo tra le gracili dita irrequiete; ma non ardiva offrirlo.

Marta notava tutto ciò, e ne rideva.

Un giorno egli volle dimenticarsi il fiore sul tavolino della sala d'aspetto: dopo un'ora, vi ridiscese: il fiore non c'era più. Ah, finalmente! Marta aveva capito e se l'era preso.... Ma, ridisceso in sala dopo l'altra ora: disinganno crudele: il fiore era all'occhiello de la napoleona di Pompeo Emanuele.

— Ciao, cardellino! Ciao, violetto mammolo!

Eppure il Nusco non era uno sciocco: laureato in lettere, giovanissimo ancora, occupava per concorso il posto di professore d'italiano al liceo e insegnava anche per incarico nel Collegio Nuovo; scriveva poi in versi con gusto e gentilezza non comuni.

Marta lo sapeva; ma che volevan da lei tanto il Nusco quanto il Mormoni?

Il terzo professore pareva non si fosse ancora accorto della presenza di lei. Si chiamava Matteo Falcone; insegnava disegno. Pompeo Emanuele

Mormoni lo chiamava l'*istrice* e, da imperatore romano, lo avrebbe condannato *ad purgationem cloacarum*.

Era veramente d'una bruttezza mostruosa, e aveva di essa coscienza, peggio anzi: un tragico invasamento. Sempre cupo, raffagottato, non levava mai gli occhi in faccia a nessuno, forse per non scorgervi il ribrezzo che la sua figura destava; rispondeva con brevi grugniti, a testa bassa e insaccato ne le spalle. I lineamenti del suo volto parevano scontorti dalla rabbiosa contrazione che gli dava la fissazione della propria mostruosità. Per colmo di sciagura aveva anche i piedi sbiechi, deformi entro le scarpe adattate alla meglio per farlo andare.

Il Mormoni e il Nusco erano già avvezzi ai modi di lui, più d'orso che d'uomo, e non ne facevan più caso; Marta, nei primi giorni, ne fu urtata, non ostante le prevenzioni della direttrice. In fondo in fondo, mentr'ella non badava alle smorfie e ai lezii degli altri due, se non per riderne, provava una certa stizza per la noncuranza quasi sprezzante di quel terzo per lei affatto innocuo.

In quel po' di tempo che si tratteneva in sala, aspettando l'ora precisa della lezione, egli s'immergeva nella lettura d'un giornale, senza badare a nessuno. Spesso Marta volgeva uno sguardo fuggevole alla fronte di quell'uomo sempre contratta, e poi si dava a immaginare che sorta di pensieri sotto tal fronte dovesse albergare quel testone ispido: — sciocchi, no, certamente; ma forse brutali.

Una sola volta aveva udito la voce di lui, e fu una mattina, in cui, avendole il Mormoni accennato con gli occhi l'*istrice* sprofondato al solito nella lettura del giornale, ella, per non condividere l'ironia ch'era in quell'accenno, e per fare stizza al "grand'uomo„, si lasciò sfuggire dalle labbra inconsultamente:

— Buon giorno, professor Falcone.

— Riverisco, — grugnì in risposta colui, senza levar gli occhi dal giornale.

Un'altra mattina, Marta, entrando in sala, fu molto sorpresa di trovarvi accesa una disputa tra il Falcone e il Nusco. Questi, col volto infiammato, un sorriso nervoso su le labbra e le mani tremolanti, cercava di far valere la propria opinione con molti *sarà, ma....* investiti dalla dura voce del Falcone, il quale senza dar retta all'avversario seguitava a parlare con gli occhi al giornale spiegato davanti. Il Mormoni ascoltava in una delle sue attitudini monumentali, non degnando di una parola quelle "scempiataggini„

Il Falcone s'era scagliato contro quei letterati che inacidivano i loro versi e le loro prose d'una certa ironia, mentre poi in fondo rimanevano ossequentissimi alle opinioni imperanti nella società.

— Le opinioni sono false? Le credete ingiuste e dannose? Ribellatevi, perdio, invece di scherzarci su, di farvi su sgambetti e smorfie, camuffando l'anima da pagliaccio! No: voi da un canto piegate il collo al giogo, e deridete dall'altro la vostra supinità. È arte da tristi buffoni!

— Sarà, ma.... — ripeteva il Nusco. E avrebbe voluto osservare come il ridicolo fosse l'arma più possente, e che il Dickens, Heine.... Ma il Falcone non lo lasciava dire:

— Tristi buffoni! Tristi buffoni!

— Sentiamo la signora Ajala, — propose il Mormoni con un gesto consentaneo alla magnificenza dell'atteggiamento.

— La donna per sua natura è conservatrice, — sentenziò bruscamente il Falcone.

— Conservatrice? Per me, ferro e fuoco! — esclamò Marta con tale espressione, che il Falcone alzò gli occhi a guardarla per la prima volta in faccia.

Marta rimase profondamente turbata da quegli occhi che illuminarono un volto affatto nuovo, occhi d'una belva sconosciuta, intelligentissimi.

Un'altra mattina, poco tempo dopo, il Falcone entrò in sala d'aspetto col cappello ammaccato e impolverato, la falda rotta sul davanti, il naso sgraffiato, pallidissimo in volto e pur con un tristo sorriso che gli si storceva su le labbra in orribile smorfia; strappata la giacca sul petto e anch'essa impolverata.

— Che le è accaduto, professore? — esclamò il Mormoni, vedendolo in quello stato.

Marta e il Nusco si voltarono a guardarlo con paurosa meraviglia.

— Una lite?

— No, niente.... — rispose il Falcone, con voce tremante, ma con la smorfia del riso ancora su le labbra. — Mi trovavo a passare sotto la chiesa di Santa Caterina da tre anni puntellata.... Questa mattina santa madre chiesa aspettava proprio me per rovesciarmi addosso un pezzo del suo cornicione.

Marta, il Nusco, il Mormoni allibirono.

— Sì.... — continuò il Falcone. — Mi è caduto addosso proprio così: a radermi il corpo.... E intanto — (aggiunse con un ghigno atroce, accennando i piedi sbiechi deformi) — ammirate la provvida natura! Lei, Nusco, a quest'ora non ce li avrebbe avuto più codesti piedini da bambola. Invece io ce l'ho ancora, e m'arrabatto!

Così dicendo, s'avviò per la lezione.

Parve quella veramente al Falcone una tremenda risposta della “provvida natura„ a tutte le imprecazioni ch'egli le aveva scagliate a causa della propria deformità? Sentì veramente come una voce che gli avesse detto: — Lodami dei piedi che t'ho dati?

Certo, da quel giorno, cominciò a poco a poco a uscire dalla cupezza abituale. O non piuttosto operava il miracolo la presenza di Marta?

Questo era il sospetto del Mormoni.

— Perchè, vedi, — diceva al Nusco, — noi due, è vero, adesso ci saluta pure; ma grugnisce come prima; non ci dice: " *Ossequio, signor Nusco!* „ — con la stessa voce per dir così domenicale, con cui dice: " *Ossequio, signora Ajala!* „. Morbidezza setolosa, capisco, ma.... E poi, hai notato? Colletti nuovi, oh!, come usano adesso, abito nuovo! cappello nuovo! Evviva il cornicione di Santa Caterina!

Nè l'uno nè l'altro potevano seriamente ingelosirsi del Falcone, il quale faceva loro finanche pietà, via! Ma nè il Mormoni s'ingelosiva del Nusco, nè questi del Mormoni. Per il Nusco il gran Pompeo Emanuele era troppo grosso, troppo sciocco, ed egli aveva troppa stima dell'ingegno di Marta da temerlo; il Mormoni invece aveva troppa stima del gusto di Marta da temere il piccolo Attilio con quell'animella sempre spaventata. Così, tutti e due s'appajavano per commiserare " il povero Falcone „, e segretamente poi si commiseravano l'un l'altro.

Intanto, la scoperta di quell'animo nuovo del Falcone verso di lei produsse a Marta ribrezzo e timore insieme. Sapeva e sentiva di non poter ridersi di lui, come degli altri due. La bruttezza di quell'infelice pur così sdegnoso le destava pietà e le incuteva orrore a un tempo. Probabilmente colui non aveva mai amato alcuna donna.

Se Marta pensava che il Falcone, non ostante la coscienza della propria deformità, poteva pretendere amore da lei, si sentiva offesa e sdegnata; ma d'altro canto intendeva che quella passione, forse la prima germogliata in quel cuore, poteva esser così forte da vincere e ottenebrare quella coscienza stessa, per quanto tragicamente invasata.

Ma un pensiero la rassicurava, che ella cioè non aveva fatto nulla, proprio nulla, perchè quest'affetto mostruoso nascesse.

Adesso, quasi ogni giorno, sul tramonto, ella vedeva il Falcone passare per la via del Papireto e alzar gli occhi al balcone della sua stanza. Il primo giorno, volle mostrarlo a Maria; ma non s'aspettava ch'egli dovesse levare il capo a guardare.

— Guarda qua? Come mai!

Così ebbe la prima prova di quell'amore, a cui già per tanti segni men chiari non aveva saputo nè voluto prestar fede. D'allora in poi, non si lasciò più scorgere dietro la vetrata; ma di nascosto vedeva il Falcone ripassare ogni giorno e guardare in alto, due, tre volte.

Adesso, dopo i sogni della notte gravi d'incubi e di visioni strane, agitati da continue smanie; dopo il duro urto nel riaprir gli occhi stanchi alla realtà nuda e monotona della sua esistenza, in mezzo a quel rifiorir fascinoso della stagione; ogni mattina l'apprensione di sentirsi sola le cresceva; i nervi le vibravano, andando, quasi ella fosse sotto l'imminenza d'ignoti pericoli; nè sapeva più rinfrancarsi appena entrata nel collegio.

Come contenersi di fronte al Falcone? Mostrargli che si fosse accorta, non voleva; ma come dissimulare, se ogni mattina era ancora invasa dall'orrore dei sogni, nei quali la figura del Falcone le appariva quasi sempre e talvolta meno mostruosa della realtà? A trattarlo come prima, temeva quella passione non si nutrisse di qualche lusinga, di qualche inganno pietoso.

Nè il Mormoni la divertiva più come nei primi giorni. La sola vista di lui ora le produceva anzi tal rabbia, che lo avrebbe schiaffeggiato. E stizza e fastidio le cagionava la timidezza angosciosa del Nusco.

— Lei non mi secchi! — avrebbe voluto dirgli, sicura di sprofondarlo con quelle quattro parole un palmo sotterra, dalla vergogna.

III.

Anche lui forse, Attilio Nusco, nell'intimo suo sentiva la povertà delle proprie maniere, e come dovesse parere altrui compassionevolmente ridicola la sua invincibile ritrosia; e forse se n'adontava e, non visto da alcuno, si ribellava contro sè medesimo; poichè fra sè egli non doveva stimarsi affatto uno sciocco. Chi sa quant'altri, invece, pensando, stimava egli sciocchi!

Proprio in quei giorni aveva mandato a stampa su un giornale letterario della città un sonetto per Marta.

Pompeo Emanuele Mormoni lo aveva scoperto. Il sonetto, veramente, portava un titolo misterioso: *A lei.*

— *A lei?*... A chi? Ci son tante donne a questo mondo.... Più delle mosche! Io fo le viste di non aver capito a chi si riferisca.

E il giorno dopo, traendo profitto del pudore del Nusco, diede egli stesso il giornale a Marta, sicuro di farle stizza.

— C'è un sonetto del Nusco: *A lei.*

— A me? — disse Marta, sorpresa, invermigliandosi.

— No no: *A lei,* intitolato così.... Ma come s'è fatta rossa!... Son cose che fanno piacere.... Lo legga, glielo lascio.... Scappo, perchè a momenti piove e sono senza ombrello.

Un saluto, e via, a naso ritto.

Marta ebbe il primo impeto di buttar via il giornale; ma poi lo ritenne, lo spiegò e lesse:

A LEI.

Contro il tuo sen, che appena ai dolci intenti
d'amor s'era con vaga ansia levato,
rabbioso groppo di crudeli eventi
la man villana scatenò del fato.

Quei che a Te si prostrâr ne' dì ridenti,
invan pregando un cenno innamorato,
or contro Te pur levansi, irridenti
l'orgoglio antico e il tuo novello stato.

Ma bene io so che ad un amor fedele,
per cui spregiasti ogni men puro amore,
oltre te 'n vai, nè t'acerba quel fiele.

Pur ne' sorrisi tuoi trema un sospiro
sovente! E sol per questo, entro del cuore,
Te, provata e non vinta, amo ed ammiro.

Un furioso rovescio d'acqua venne a percuotere i vetri della sala. Marta levò gli occhi dal giornale e guardò macchinalmente la finestra.

Erano per lei quei versi? Chi aveva raccontato al Nusco le vicende della sua vita? E che significava quel verso: *Ma bene io so che ad un amor fedele?* A quale amore? Le venne subito in mente l'Alvignani. No, non poteva alludere a lui.... *Te, provata e non vinta, amo ed ammiro....*

Così riflettendo sul sonetto, non pensava più alla villania del Mormoni, che gliel'aveva dato da leggere.

Sopravvenne il Falcone. Marta si scosse. L'ombrello? Dove lo aveva lasciato? Rammentava benissimo d'averlo portato con sè da casa, la mattina....

— Che cerca, signora? — le domandò il Falcone.

— L'avrò forse lasciato su.... — disse Marta quasi tra sè. E chiamò la bidella.

— Prenda il mio, — le propose il Falcone. — Non è nuovo, ma può servirle lo stesso.

Nel dir così, pareva che ingiuriasse. Era più fosco e più nervoso del solito.

Poco dopo la bidella ridiscese: non lo aveva trovato, nè in classe, nè per il corridojo. Marta si stizzì, diventò inquieta, perchè il Falcone insisteva duramente nell'offrirle il suo. Pioveva forte, ed ella non poteva permettere che il Falcone, per lei, si prendesse tutta quell'acqua.

— Allora, se me lo concede, potrei accompagnarla, — disse, cangiandosi in volto, il Falcone. — Abito adesso su la stessa sua via, un po' più giù. — E aggiunse, col capo chino e guardandosi i piedi: — Se non si vergogna....

Marta si sentì salire le fiamme al volto; finse di non intendere l'allusione, e rispose:

— Non mi son mai curata della gente. Venga, andiamo.

— Dimentica sul tavolino un giornale, — le disse il Falcone, raccogliendolo e porgendolo.

— Oh grazie; ma, tanto.... C'è una poesia del Nusco.

— Imbecillotto! — fischiò tra i denti Matteo Falcone.

“Come farò — pensava Marta, smarrita — a camminargli accanto?„

Sentiva la gioja e l'impaccio ch'egli doveva provare in quel momento; e questo la turbava e la faceva soffrire così violentemente che, se egli la avesse toccata appena appena anche senza volerlo, certo da tutto il corpo fremente le sarebbe scattato un grido acutissimo di ribrezzo.

Prima d'uscir su la via, la portinaja le porse una lettera.

— Per me? — fece Marta, contenta che le si offrisse quel mezzo per nascondere lì per lì il proprio turbamento. — Permette? — aggiunse, rivolta al Falcone; e lacerò la busta.

La lettera era d'Anna Veronica. Marta si mise a leggere, avviandosi piano verso l'uscita. Il

Falcone la spiava di sbieco, aombrato. Scorse a un tratto un repentino cambiamento sul volto di Marta, un pallor fosco, un corrugarsi sdegnoso delle ciglia. Erano già sul portone. Marta non leggeva più; guardava innanzi a sè, sopra pensiero, la pioggia che balzava sul fango della via.

— Vogliamo andare? — le disse egli cupamente, aprendo l'ombrello.

— Ah, sì, eccomi.... scusi! — rispose Marta, scotendosi, ripiegando la lettera e cacciandosi sotto l'ombrello.

Non badava più al contatto, per altro inevitabile, del suo braccio col braccio del Falcone, nè notava lo studio penoso di questo per andare più spedito accanto a lei, a lei che avrebbe voluto fuggire, non più per lui (e il Falcone lo intuiva) ma per qualche notizia contenuta in quella lettera. Roso dalla gelosia, egli ormai non si curava dei piedi che, nell'andar così di fretta, s'arrabattavano sovrapponendosi man mano molto più goffamente del solito. Avrebbe voluto gridare a Marta di chi fosse, che contenesse quella lettera; e intanto la lasciava sguazzare e inzuppare, temendo che il suo richiamo ad andar più cauta potesse da lei essere interpretato come un pietoso accenno a' suoi piedi che, veramente, non potevano più seguirla in quella corsa e sfangavano orribilmente. Ansimava, e Marta non lo udiva. Perchè, perchè fuggiva ella così?

A un tratto Marta ebbe come un brivido e si contenne, s'arrestò per un attimo, quasi per soffocare un grido.

— Che ha? ch'è stato? — le domandò egli, fermandosi.

— Nulla! venga.... venga.... — gli disse Marta, piano, col capo chino, proseguendo.

Il Falcone si volse e vide un po' innanzi a loro, sul marciapiede a destra, due signori sotto un ombrello, che guardavano Marta e lui: l'uno terreo in volto e con piglio fosco, l'altro più alto, magro, straniero all'aspetto e con un'espressione scioccamente derisoria negli occhi chiari.

Erano Rocco Pentàgora e il signor Madden.

Il Falcone, non ostante il divieto di Marta, appuntò contro quei due gli occhi da belva.

— Non guardi! non si volti! — gl'impose, con rabbia soffocata, Marta.

— Mi dica chi sono quei due! — domandò il Falcone quasi a voce alta, accennando a fermarsi di nuovo.

— Stia zitto, le ripeto, e venga con me! — riprese Marta, con lo stesso accento. — Che diritto ha lei di saperlo?

— Nessun diritto, ma io.... lei non sa.... — continuò il Falcone con voce che non pareva più la sua, come se piangesse, ansando, interrompendosi, strozzato dalla commozione, e pur seguitando ad andare quasi di corsa, angosciosamente, dietro a Marta, sotto la pioggia ringagliardita. Le confessava l'amor suo, implorando pietà, commiserazione.

Marta, con l'anima in tumulto, come stordita dalla violenza della pioggia, vedeva fuggire sotto i piedi vorticosamente la strada già mezzo allagata; correva senza ascoltare, udendo solo confusamente, con insopportabile angoscia, le affannose parole del Falcone, che le si abbaruffavano negli orecchi con lo strepito dell'acqua, finchè giunse alla porta di casa.

Lì il Falcone si provò a trattenerla per un braccio, scongiurando di dargli una risposta.

— Mi lasci! — gli gridò Marta, svincolandosi con uno strappo; e via di corsa su per la scala.

Venne ad aprirle Maria.

— Tutta bagnata?

— Sì, vado a cambiarmi!

Si chiuse a chiave. Si abbandonò su una seggiola, premendosi forte, forte, forte le tempie con le mani, lamentandosi piano, con gli occhi chiusi:

— Oh Dio! oh Dio!

Era in preda alla vertigine: non la camera, ma tuttora la via le girava, le turbinava innanzi a gli occhi, con le strisce precipitose della pioggia violenta, di cui sentiva lo scroscio negli orecchi: scroscio ch'era di parole; le parole di quel mostro arrangolato, che le piangeva dietro.

E quei due lì fermi sul marciapiedi, alla posta! Ma che volevan da lei tutti costoro? Per chi la prendevano? E quegli altri due, anche quegli altri due, quel grosso imbecille e quel piccolo che le indirizzava pubblicamente i suoi versi?

Ah, e la lettera di Anna? La cercò, la rilesse, saltando ciò che in quel momento non la interessava:

— “Tu sai, cara Marta, come io.... Ma da me non è più venuto, dopo quella visita *furiosa*, della quale.... Dalla famiglia Miracoli, però, da cui si reca spesso il fratello Niccolino (sposerà Tina Miracoli, dicono in paese), ho saputo ch'egli stamani è partito per costà. Vuole scoprire, ha detto Niccolino alla fidanzata, che cosa tu faccia a Palermo, convinto che debba esserci *una forte ragione*, *un serio impedimento* al tuo ritorno in paese. Tina, benchè come ogni altra timorata ragazza debba far le viste di non capire, pure, dal tono misterioso con cui mi ha confidato questa notizia, ha lasciato capire a me, invece, che cosa avrei dovuto intendere per *forte ragione* e *serio impedimento*. Figùrati come l'ho trattata e quello che le ho risposto! Ma lei dice che non sa nulla, che non crede affatto a queste cose, e che parla solo, dice, per bocca del Pentàgora. Prima, tu lo sai, quando la buon'anima di tuo padre viveva, e voi eravate ricche, la signora Miracoli era la migliore amica di tua madre; adesso, con questo progetto di matrimonio di Tina con Niccolino, ella è tutta una cosa con don Antonio Pentàgora, il quale, tra parentesi, del matrimonio pare non voglia sapere. Per tornare a tuo marito, se egli (dice sempre Nicola) scoprirà qualche cosa, ricorrerà ai tribunali per ottenere la separazione. Ma son parole d'un ragazzo dette per boria in presenza dell'innamorata „.

Un altro pugno di fango. La persecuzione ancora, da lontano. Calunnie ancora e villanie.

Marta si levò da sedere tutta vibrante d'ira e di sdegno, con gli occhi lampeggianti d'odio.

Innocente, per essersi difesa con inesperienza da una tentazione, non ostante la prova della sua fedeltà: in compenso, l'infamia; in compenso, la condanna cieca del padre! e tutte le conseguenze di essa aggiudicate poi come colpe a lei: il fallimento, la rovina, la miseria, l'avvenire spezzato de la sorella; e poi l'infamia ancora, il pubblico oltraggio d'una folla intera, senza pietà, ad una donna sola, malata, vestita di nero. Aveva voluto vendicarsi nobilmente, risorgere dall'onta ingiusta col proprio ingegno, con lo studio, col lavoro? Ebbene, no! Da umile, oltraggiata; da altera, lapidata di calunnie. E questo in compenso della vittoria! E amarezze, ingiustizie, e quell'esistenza vuota per sè, esposta alle brame orrende d'un mostro, ai gracili, timidi desiderii d'un povero di spirito, alle pettorute vigliaccherie di quell'altro: sassi, spine ovunque, per quella via lontana dalla vita.

Fu scossa da due picchi all'uscio. E la voce di Maria:

— A tavola, Marta.

La cena, di già? Non s'era ancora svestita. Come cenare, adesso, come nascondersi alla madre, a la sorella? Si svestì in fretta in furia. Non s'era neanche tolto il cappellino, entrando. Si lavò per rinfrescar gli occhi e la faccia infiammati.

— Un miele! — diceva Maria, già a tavola, tra il fumo che la avvolgeva da la scodella.

E la madre prese a narrarle tutto quello che avevano fatto lei e Maria, durante quella pioggia improvvisa, su in terrazzo, per salvare i fiori:

— I nostri poveri fiori....

IV.

“ Crederà adesso che quel mostro sia il mio amante! N'è capace „ — pensava Marta, dopo cena, richiusa in camera.

E diceva a sè stessa proprio così: *il mio amante,* poichè come tale il marito le aveva già affibbiato un altro, quell'altro! Ma quanto più obbrobriosa adesso le sembrava questa parola, riferita al Falcone!

Voleva egli dunque prendersi una nuova vendetta, esasperato dal disprezzo di lei? La minaccia era esplicita, nella lettera di Anna Veronica.

Un nuovo scandalo.... Ma le prove? Oh Dio, quel mostro.... sì, era probabile che gliele avrebbe offerte lui, quel mostro, le prove, se si fossero incontrati un'altra volta per via.... Qualche scenata.... e il nome di lei su pe' giornali accanto a quello del Falcone....

Marta si torceva le mani dalla paura, dallo schifo, smaniando senza requie; e a Maria che, intanto, nella stanza attigua, leggeva sul pianoforte alcuni brani di vecchia e piana musica, delizia della madre, avrebbe voluto gridare rabbiosamente che smettesse.

Ah la tranquillità della madre e de la sorella, la quiete de la casa, la musica, i discorsi alieni, come la facevano soffrire, adesso!

Sì, opera sua; ma nessuno dunque intendeva, nessuno indovinava a prezzo di quale martirio? Fatta una croce sul passato, non doveva parlarsene più? N'erano uscite, loro, la madre e la sorella; ed ecco: una nuova vita, calma e modesta, era ricominciata per esse. Ma lei? la sua vita, la sua giovinezza dovevano rimanere sepolte lì, nel passato? Non se ne doveva più parlare? Quel ch'era stato era stato? Morta? tutto morto, per sè? Viva solamente per far vivere gli altri? Sì sì, se ne sarebbe magari contentata se, esclusa così dalla vita, le avessero almeno concesso di godere in pace dello spettacolo dolce e quieto di quella casetta, ch'era come edificata sul sepolcro di lei.... Ma che si parlasse almeno un poco, che si avesse qualche compianto almeno della sua giovinezza morta, della sua vita spezzata! Era stato pure un delitto spezzarle la vita così, senza ragione, stroncarle così la giovinezza! Non se ne doveva più parlare?

Un'ombra, e ancora combattuta! perseguitata ancora! Il giorno appresso, certo, avrebbe riveduto il marito, lì, alla posta; avrebbe riveduto il Falcone, al collegio.

— Se continua a molestarmi, ne parlerò alla direttrice, — pensò improvvisamente Marta, in un risveglio impetuoso d'energia e, cominciò a svestirsi con le dita nervose, per mettersi a letto. — E quegli altri due, se non la smettono, li metto a posto io! E tu, aspetta, — disse poi, più col fiato che con la voce, alludendo al marito. — Rimboccò la coperta e spense il lume.

Nel bujo, raggomitolata sotto le coperte, volle raccogliere le idee, ma non potè precisarne alcuna contro il marito. Diceva a sè stessa: — " Sì, questo per il Falcone, se sèguita.... La direttrice non può soffrirlo, cerca un appiglio qualunque, per levarselo di torno; gliel'offrirò io.... " — E ripetendo meccanicamente queste frasi, cercava col cervello quel che avrebbe potuto fare contro il marito. Nulla, dunque? Non un solo mezzo di vendetta? E, nell'impotenza, sentiva l'odio suo quasi fermentare in una rabbia crescente. Poi (benchè ella non avvertisse la sofferenza fisica della troppa e vana tensione) il cervello, come in un cerchio di tortura, non sapendo suggerirle il pensiero ch'ella cercava, altri pensieri in cambio cominciò a presentarle confusamente, che la distraessero. Marta però, ostinata a trovare quel che cercava, appena sorti, li scacciava. Uno finalmente riuscì a distrarla: il suo ombrello — sì — adesso rammentava con precisione — lo aveva appoggiato all'uscio della classe sul corridojo, per appuntarsi meglio il cappello; sì, e poi se l'era dimenticato lassù.... Ah, senza dubbio, il Falcone, passando per il corridojo, lo aveva riconosciuto e nascosto, sì, per poterle offrire il suo, per aver modo d'accompagnarla.... lui, sì, senza dubbio! Perciò era così inquieto, giù, in sala d'aspetto.... Dove aveva potuto nasconderlo?

Poco dopo Marta dormiva.

Si svegliò per tempo, con un forte mal di capo, ma con l'animo tuttavia sostenuto da un'energia nervosa, che non era più la forza che prima le derivava dalla sicurezza di sè. Non vedeva l'uscita della sua via; ma sarebbe andata fino in fondo, a qualunque costo; già in attesa e preparata a scagliarsi contro ogni nuovo ostacolo che volesse sopraffarla.

Non provò quel giorno nessuna apprensione nell'uscir sola di casa. Dopo la pioggia del giorno innanzi, il verde degli alberi si era ravvivato quasi festivamente, e un aspetto festivo pareva avessero anche le case e le vie nella limpida freschezza dell'aria mattutina.

Ella cercava con gli occhi, innanzi a sè, se il marito fosse alle poste: sentiva che avrebbe avuto il coraggio di passare a testa alta sotto gli occhi di lui.

— “Ma a quest'ora egli dorme„ — pensò a un tratto, e un sorriso di scherno le venne alle labbra, andando. — “Non ha mai visto nascere il sole, in vita sua.....„

Lo rivide col pensiero, a letto, accanto a lei, pallido, coi radi baffi biondi, scomposti su le labbra aride, schiuse.

Distrasse subito la mente da quell'immagine e, poichè si recava al collegio, oggetto immediato del suo impulso diventò il Falcone. Non pensava più, non badava più alla propria sofferenza.

Che avrebbe fatto, che avrebbe detto, se egli si fosse arrischiato di fare il minimo accenno alla giornata di jeri?

Non lo sapeva ancora. Vedeva soltanto con straordinaria lucidità di spirito la sala d'aspetto del collegio, in cui tra poco sarebbe entrata, e già vi entrava col pensiero; vedeva il Nusco e il Mormoni come spettatori della scena ch'ella andava a rappresentare là entro, e il Falcone che la attendeva, più cupo del solito.

Era già innanzi al portone del collegio: scese i pochi scalini; entrò.

In sala, nessuno.

Marta sentì a un tratto la tensione impulsiva

della sua energia nervosa vibrare e sciogliersi nel vuoto di quella sala deserta. Subito le memorie angosciose, le sofferenze per poco rimosse, le sottentrarono come per travaso violento nell'animo. E in quella solitudine ella si avvilì, schiacciata dall'inanità stessa del suo impulso, dalla vanità d'ogni suo insorgimento.

V.

Matteo Falcone, quella mattina, non si recò al collegio.

Se Marta, il giorno avanti, si fosse voltata nel salire, avrebbe avuto forse un po' di pietà per lui rimasto al portoncino come impietrito. Certo egli sperò ch'ella, salendo, gli rivolgesse almeno uno sguardo: poi si mosse sotto la pioggia, quasi barcollando, e attirando gli sguardi della gente.

Non aveva provato mai tanto e così feroce odio contro sè stesso. Ne ghignava forte e squassava l'ombrello fin quasi a spezzarne il fusto e borbottava: — "Io, l'amore! Io, l'amore!„ — e altre parole inintelligibili. E poi, forte, lì in mezzo alla via, col volto contratto e gli occhi fissi biecamente in faccia a qualche passante:

— Meno male che non ha riso di me!

Ne rideva lui invece, orribilmente; e la gente si voltava a mirarlo, stupita, come si guarda un pazzo.

Alla fine, fradicio di pioggia, si ridusse a casa.

Abitava, con la madre e una zia, decrepite e stolide entrambe, una vecchia e vasta casa tutta ingombra di masserizie senza valore, allineate lungo le pareti e alcune anche rammontate le une su le altre, come in un magazzino di mobilia: armadii enormi di legno dipinto, tavolini d'ogni forma e d'ogni dimensione, cassettoni, cassapanche, stipetti, mensole, attaccapanni, seggiole impagliate e imbottite, dalla stoffa stinta, e poi certi canapè d'antica foggia con due rulli alla base delle testate.

Le due sorelle, facendo casa comune, dopo la morte dei loro mariti, non avevano voluto privarsi d'alcuna masserizia appartenente alla propria casa maritale: donde quell'inutile abbondanza: ingombro più che ricchezza.

Nella loro stolidaggine le due vecchie non ricordavano più d'aver avuto marito, e ciascuna aspettava la morte dell'altra per andare a nozze con un loro sposo immaginario.

— Perchè non muori? — si domandavano contemporaneamente sul muso, ogni qual volta s'incontravano appoggiate alla spalliera delle seggiole con le quali si strascinavano a stento per le camere.

Vivevano separate l'una dall'altra, ai lati opposti della casa. E di tanto in tanto, lungo la giornata e spesso anche durante la notte, l'una domandava all'altra, facendo un verso lungo e lamentoso:

— *Che ora è?*

E l'altra invariabilmente rispondeva con voce lunga e cupa:

— *Sett'ooòre!*

Sempre sett'ore! A qualche vicina che saliva in casa per ridere alle loro spalle, le due vecchie consigliavano, levando le braccia e scotendo in aria le mani ceree, aggrinzite:

— Maritatevi! Maritatevi!

Pareva che non ci fosse per loro altro scampo, altra salvezza nella vita. E sapeva loro mill'anni che il giorno sospirato delle nozze giungesse alla fine. Ma l'altra, ahimè, l'altra non voleva mai morire! E frattanto si facevano abbigliare, acconciare, parare dalle vicine con gli abiti del loro bel tempo, d'antica foggia; e le vicine sceglievano apposta quelli di stoffa più chiara, i più goffi, i più antichi e stridenti con la vecchiezza delle due povere dissennate; e siccome i corpetti andavan loro adesso troppo larghi, legavano alla vita a questa un boa spelato, a quella un gran nastro; e fiori di carta mettevano loro in capo e foglie di cavolo o di lattuga e capelli finti, e poi cipria in faccia, o imporporavan loro le gote squallide, cascanti, con uva turca:

— Così! così sembra proprio una ragazzetta di quattordici anni!

— Sì, sì.... — rispondeva la vecchia, sorridendo

con la bocca sdentata innanzi allo specchio e forzandosi a tener ferma la testa, perchè l'edificio di quella acconciatura non crollasse. — Sì, sì, ma chiudi subito l'uscio! Adesso *egli* verrà, e non vorrei che quella lì lo vedesse entrare.... chiudi! chiudi!

Matteo Falcone, rincasando, le trovava spesso così goffamente mascherate, immobili sotto l'incubo dell'enorme acconciatura.

— Oh mamma!

— Va' di là, va' di là, tua madre è di là! — gli rispondeva stizzita la madre mascherata. — Io non ho figli! Ventott'anni ho.... Non sono maritata....

E così pure gli rispondeva la zia, per cui egli aveva anche rispetto e compatimento filiale.

— Ventott'anni.... Non sono maritata!

Alla zia però sorgeva e pesava tante volte il sospetto, non fosse Matteo veramente suo figlio; poichè a quando a quando nella memoria ottenebrata le si ridestava un vago senso del dolore provato tanti e tant'anni addietro per la perdita dell'unico suo figliuolo.

— Ma come! — le dicevano le vicine. — Se lei non ha mai avuto marito?

— Sì, eppure.... eppure Matteo, *forse*, è figlio mio, — rispondeva la vecchia sorridendo maliziosamente, con aria di mistero. — *Forse!*

— Ma come?

La vecchia allora attirava per un braccio la vicina e le diceva all'orecchio:

— Per virtù dello Spirito Santo!

E una gran risata.

Quanto aveva contribuito, oltre alla coscienza della propria bruttezza, quel continuo spettacolo in casa, alla formazione dell'orrendo concetto che il Falcone aveva della vita e della natura?

Egli non arrivava ad intendere la infelicità che l'anima suol crearsi o coi dubbii o con la febbre di sapere; la povertà era per lui male comportabile e riparabile; due sole vere infelicità aveva la vita, per coloro sui quali la natura esercita la sua feroce ingiustizia: la bruttezza e la vecchiaja, soggette al disprezzo e allo scherno della bellezza e della gioventù.

Non continuavano forse a vivere per servir di trastullo alle vicine la madre e la zia? E lui, perchè era nato? Perchè togliere la ragione e lasciar la vita a chi per la morte è già maturo?

Era invasato e rivoltato così profondamente da quest'idea, che tante volte si sentiva spinto da tutto l'essere suo a vendicar le vittime di tanta ingiustizia: sfregiar la bellezza, sottrar la vecchiaja all'agonia della vita. E doveva in certi momenti far violenza a sè stesso per resistere all'impulso del delitto, mentre che lo spirito lucidissimo glielo rappresentava già visibilmente, come se egli allora lo commettesse. Delitto? No. Riparazione!

E quante volte, distogliendosi con subitaneo sforzo da quest'invasamento delittuoso e recandosi dalla madre, come per compensarla con esagerate cure del truce proposito nutrito un istante contro di lei, non gli avveniva di vedersi accolto dalle risa della incosciente, che gli diceva:

— Mettiti i piedi giusti!

Credeva la vecchietta ch'egli li tenesse così per capriccio o per farla ridere. E insisteva, ridendo:

— Mettiti i piedi giusti!

Allora anche lui rideva. Oh diventar pazzo di fronte alla stolidaggine della madre!

— Sì, ecco mamma: ora me li aggiusto.

E la vecchia, guardando, rideva degli sforzi di lui, che si raddrizzava i piedi reggendosi alla parete.

Il giorno della sprezzante ripulsa di Marta, egli non si recò nemmeno a visitare nelle loro camere la madre e la zia, come soleva, rincasando; non desinò, non andò a letto la notte, non si tolse neanche gli abiti inzuppati di pioggia. Appena ruppe il giorno, uscì per una delle sue lunghe passeggiate, nelle quali, dopo le crisi più violente, metteva alla tortura i piedi e sè stesso.

Montecuccio, il più alto monte della Conca d'oro, era la mèta. Raggiunto il culmine, lanciava con tutta l'anima uno sputo in direzione della città:

— Io verme, a te vermicajo!

Vi ridiscese, quel giorno, spossato, sfinito, già quasi calmo. Era tardi: a quell'ora le lezioni al collegio dovevano essere già terminate. Stimò tuttavia prudente recarvisi, per scusare l'assenza. In fondo, vi si recava con la speranza d'incontrare Marta per via.

E infatti la incontrò a pochi passi dal portone del Collegio. Andava lentamente, leggendo una lettera: un'altra lettera.... Chi le scriveva ogni giorno? E com'era accesa in volto! Quella, senza dubbio, era una lettera d'amore!

Il Falcone ne era così certo, come se già gliel'avesse strappata di mano e letta.

Era stato ben questo il primo impeto nel vederla; ma s'era trattenuto: l'aveva lasciata passare innanzi lentamente, per la sua strada, assorta nella dolce lettura.

— Non m'ha veduto.... — fece tra sè. E andò per un'altra via, senza pensar più di scusare al collegio la sua assenza.

VI.

Entrata nel portoncino di casa, Marta, prima di mettersi a salire la scala, lacerò e disperse in minutissimi pezzi la lettera veduta dal Falcone. Insieme con la lettera lacerò un biglietto d'invito a stampa; poi si passò le mani su gli occhi e su le guance infiammate, e stette un po' perplessa, come se si forzasse a rammentare qualcosa.

Si sentiva pulsare tutte le vene e, in quella momentanea indecisione, l'interno turbamento cresceva e le offuscava il cervello, quasi inebriandola. Era com'ebra, difatti, e sorrise inconsciamente col volto acceso e gli occhi sfavillanti, a pie' della scala.

Che aspettava per salire?

La calma esteriore, almeno, perchè la madre e la sorella non s'accorgessero di nulla!

Salì in fretta, come se sperasse di sfuggire con quella corsa al pensiero che la turbava. Avrebbe mentito in presenza della madre e della sorella, in qualunque modo, senza preparazione: non mentiva forse ogni giorno per nascondere le proprie amarezze?

Aveva distrutto la lettera; ma le parole in essa contenute, come se si fossero ricomposte dai pezzettini di carta sparpagliati, la inseguirono su per la salita quasi turbinandole intorno al capo e ronzandole negli orecchi. Le udiva entro di sè confusamente sonare, non con la voce di chi le aveva scritte, ma con quella che dava a loro lei, in quel momento, non dolce nè carezzevole: voce di rivolta a tutto quanto le era toccato fin lì di soffrire.

Appena sola in camera, sentì maggiormente quanto fosse per lei angosciosa la continua menzogna a cui era costretta nella propria casa, e più profondo che mai sentì il distacco tra lei e la madre e la sorella. Anch'esse, con la schiva umiltà contegnosa, coi riguardi timorosi e l'apprensione costante di non dar mai nell'occhio alla gente, con la obbedienza schiava alla tirannia d'ogni rispetto sociale, non eran o forse rientrate in quel mondo da cui ella era stata espulsa e condannata senza remissione?

Una ruga nuova le si disegnò su la fronte a quel nuovo moto deciso dell'animo contro i suoi. Cercò d'arrestarlo, cercò d'impedire che lo scompiglio del proprio spirito s'aggruppasse in quel sentimento d'odio, che le sorgeva spontaneo e prepotente per dominare, per soffocare l'inquietudine della sua coscienza antica.

Ma perchè doveva essere una vittima, lei? lei, che aveva vinto? una morta, lei che faceva vivere? Che aveva fatto, lei, per perdere il diritto alla vita? Nulla, nulla.... E perchè soffrire, dunque, l'ingiustizia patente di tutti? Nè l'ingiustizia soltanto: anche gli oltraggi e le calunnie. Nè la condanna ingiusta era riparabile. Chi avrebbe più creduto infatti all'innocenza di lei dopo quello che il marito e il padre avevano fatto? Nessun compenso dunque alla guerra patita: era perduta per sempre. L'innocenza, l'innocenza sua le scottava, le gridava vendetta. E il vendicatore era venuto.

Gregorio Alvignani era venuto, era a Palermo: le aveva scritto, unendo alla lettera un biglietto d'invito per la conferenza ch'egli il giorno appresso avrebbe tenuto all'Università nelle ore antimeridiane. — “Venga, Marta!„ — diceva a quel punto la lettera, ch'ella riteneva a memoria quasi parola per parola: — “Venga, s'accompagni con la direttrice del collegio. Vedrà di che luce s'accenderanno le mie parole, sapendo che lei sarà lì ad ascoltarle„.

No, no. Come andare? Già aveva lacerato il biglietto d'invito. E poi....

Ma lo avrebbe riveduto lo stesso, il giorno dopo. Egli le scriveva che si sarebbe recato al collegio per sentire dalle labbra di lei se vi stesse contenta. Sapeva che ella non gli avrebbe mai scritto, mai manifestato alcun desiderio; e se ne affliggeva assai nella lettera: e per questo appunto sarebbe venuto a trovarla.

Perchè tremava ella così? Si levò in piedi e si rialzò con una mano alteramente i capelli su la fronte. Aveva il volto infocato, era irrequieta, come se un impeto di sangue nuovo le fervesse per le vene. Aprì il balcone e guardò il cielo acceso fulgidamente dal tramonto.

Rimaner fuori per sempre dalla vita? riempir d'ombra e di nebbia quel fulgore? soffocar gli affetti che già da un pezzo cominciavano a ridestarsi in lei confusamente, febbrilmente, come ansiosa aspirazione a quell'azzurro, a quel sole di primavera, a quella letizia di rondini e di fiori; le rondini che avevano nidificato in capo al balcone; i fiori che la madre aveva sparso un po' da pertutto nella casa? Non era venuto anche per lei il tempo di rivivere?

“Vivere! vivere!„ — diceva la lettera dell'Alvignani. — “Ecco il grido che mi è scoppiato dal cuore tra le tante cure inutili e vane e gli intrighi e le noje e i fastidii, le tristi arti della finzione e la falsità in quel pandemonio della Capitale. Vivere! vivere! E son fuggito.... „.

Marta era stata come investita da quella lettera inattesa, ch'era tutta quasi un inno alla vita.

“Il tempo mi stringe, m’incalza.... Ogni ora che mi lascio altrimenti sfuggire, è perduta: lo sento! Triste chi non ascolta a tempo questa voce sincera della nostra natura, chi chiude a lei gli orecchi per attendere ad altro. Solo il rimpianto allora riempirà il tremendo vuoto dell’estrema esistenza. Ah, tra quante menzogne si smarrisce, si perde il senso più spontaneo e naturale della vita! Io lo so, Marta! La sua catena è la mia. Ma è mai possibile che due anime, le nostre, fatte per intendersi, pàssino così sole per la vita, estranee l’una all’altra? Le vie della terra ci dividono, è vero: a ogni angolo, un cerbero alla porta, a cui si è pur troppo costretti a gittare, come offa, il cuore; ma altre vie trovano le anime per la loro comunione, sopra le comuni miserie, ove nessun fiotto fangoso arriva.... „.

Marta si sentì stringere all’improvviso da una voglia angosciosa di piangere. Si ritrasse subito dal balcone con gli occhi pieni di lagrime e sedette, nascondendosi il volto con le mani.

VII.

La lettera di Gregorio Alvignani era, come ogn'altra manifestazione de' suoi sentimenti, sincera in parte.

Veramente a Roma egli aveva sentito ciò che nella lettera chiamava “la voce sincera della nostra natura.... „

Il troppo lavoro sedentario, l'attività mentale incessante, la persistenza prolungata, ininterrotta di sforzi, a cui era costretto non solo per sostenere quella vita signorile ch'era abituato a condurre, ma anche per nutrire, giustificare e imporre altrui la pronta sua ambizione ai poteri politici; non compensati dal sonno necessario, dai necessari riposi intermittenti, lo avevano alla fine stremato, gli avevano cagionato un gran perturbamento nervoso.

E una mattina, innanzi allo specchio, gli era avvenuto di notare il pallor fosco del volto quasi disfatto, le rughe alla coda degli occhi, la piega triste delle labbra, i capelli di molto diradati; e se n'era rammaricato profondamente. Entrato poi nello studio e sedutosi innanzi alla scrivania tutt'ingombra di pesanti incartamenti disposti con ordine, non aveva saputo metter mano al proseguimento d'alcun lavoro iniziato. Gli s'era imposta così, d'un tratto, la coscienza della propria incapacità d'agire, e aveva pensato che un lungo riposo gli era addirittura indispensabile.

In quei giorni, per giunta, era disgustato della guerra bassa e sleale che alcuni suoi colleghi movevano trivialmente, sia nell'aula del Parlamento, sia nei giornali, al Ministero, di cui anch'egli era oppositore. L'aggressione di quei pochi in mala fede minacciava di coinvolgere tutta l'opposizione nel disgusto, nella nausea della pubblica opinione. Aveva preveduto che la Camera si sarebbe chiusa tra breve con la proroga della sessione parlamentare. E difatti la chiusura era avvenuta pochi giorni dopo.

Divisò egli allora d'allontanarsi da Roma per ricostituire col riposo le forze e prepararsi così alla prossima lotta inevitabile. Parlò anche lo specchio ai penosi sentimenti che lo agitavano. Egli era già su l'altro declivio della vita: s'era messo a discendere: temeva di precipitare; sentiva il bisogno d'aggrapparsi a qualche cosa.

Nella breve carriera parlamentare era stato molto fortunato. S'era messo in vista fin quasi dal suo primo apparire, suscitando invidie e simpatie, destando serie speranze e guadagnandosi preziose amicizie. Ottenuta così, troppo agevolmente, la vittoria, le immancabili amarezze della politica, molte disillusioni lo avevano afflitto tanto più, in quanto che nessuno intorno a lui aveva intimamente gioito e palpitato dei suoi trionfi, come nessuno adesso lo confortava delle amarezze. Era solo.

Le condizioni non liete della famiglia, dopo la morte del padre, avevano determinato in lui come un'esaltazione di tutte le energie giovanili ed eccitato un intenso sforzo alla conquista della vita.

Il sentimento della responsabilità gli era servito di sprone, ma così pungente, che d'un subito era trasceso all'eccesso di lavoro, schivando fin d'allora — ed era quasi ragazzo — qualunque cosa avesse potuto distrarlo. Quante energie così eran rimaste in lui senza lo sfogo necessario? In seguito, quella produzione d'attività sovrabbondante che il suo organismo sviluppava per l'esercizio gradevole di facoltà non impegnate nelle quotidiane occupazioni, era stata in queste occupazioni esaurita anch'essa da lui. Morta la madre, per sentir meno il vuoto intorno a sè si era profondato anche più nel lavoro. Gli era sorta l'idea della deputazione, e subito s'era messo all'opera per attuarla, imponendosi in società la parte più acconcia per riuscire.

In quegli anni di fervida preparazione e di lotta, una sola debolezza: la mezza avventura con Marta.

Ma s'era trovato allora nelle identiche condizioni d'adesso. Il cervello, esausto dall'eccessivo lavoro, aveva prepotentemente reclamato un riposo, una distrazione. E invano egli aveva lottato contro sè stesso. Pensando, dopo lo scandalo, al danno cagionato, aveva attenuato subito il rimorso col falsare innanzi a gli occhi suoi stessi la ragione di quella sua prima resistenza. Ma, per altro, quanti fastidii, quante controversie non gli eran venuti da questa avventura.

Sinceramente egli credeva così; credeva che gli fosse costata troppo. Ma, infine, non aveva rimediato del suo meglio alla sciagura di Marta? Sì: ma perchè poi, nell'annunziarle il trasferimento a Palermo, aveva lasciato trasparire sotto le linee un segreto intendimento d'amore? Nè amore nè intenzione in lui di rannodare una relazione che certamente gli avrebbe procurato nuovi ostacoli e più gravi fastidii. Tuttavia, gli avrebbe senza dubbio arrecato piacere di tanto in tanto, così da lontano, qualche lettera di Marta: un'eco amorosa e disinteressata ai clamori delle sue vittorie, al lamento dei suoi sconforti.

Intanto era stato deluso: Marta non aveva risposto a quella lettera.

— Non ci si pensi più!

Ci aveva però ripensato di quando in quando. Ora la sua condizione era ben altra. Ma che ne godeva? E già cominciava per lui la sera.... Quanti guasti nella sua persona! È vero, ai guasti del corpo suppliva il prestigio morale. Sì, ma la gioventù!

Era tutto finito così?

L'Alvignani non rispondeva direttamente alle domande che sorgevano spontanee al ricordo di Marta: si sarebbe immerso, facendolo, in troppe preoccupazioni intorno all'avvenire di lei e suo; e istintivamente ne rifuggiva. Da un altro canto, troppo vivo e urgente era il bisogno di riposo, di distrazione. Sarebbe partito unicamente per riposarsi, ecco; se poi, per caso, gli fosse avvenuto di distrarsi in qualche modo, tanto meglio; ma senza alcuna compromissione dell'avvenire.

Aveva fatto in fretta i preparativi della partenza, e, appena in viaggio, aveva provato un subitaneo sollievo quasi insperato, come se le nebbie gli si fossero a un tratto squarciate attorno: un nuovo flusso vitale, un benessere ineffabile lo avevano colto e invaso. Ecco il sole! ecco il verde nuovo delle campagne! E il treno volava, sbuffando. Egli beveva a larghi sorsi l'aria mossa, sibilante, dal finestrino della vettura. “ Vivere! vivere! „ E l'esaltazione era cresciuta durante tutto il viaggio. Gli era parso di vedere il mondo, la vita quasi sotto un aspetto nuovo: ogni suo criterio n'era stato turbato, commosso: la vita, così, senza nesso, sotto il sole, nella beatitudine immensa, azzurra e verde della stagione, gli era entrata nell'anima, dilagando e scacciando ogni pensiero, ogni cura.

Trovò, pochi giorni dopo l'arrivo a Palermo, la casa che in quel momento gli conveniva meglio, in una via deserta, fuori Porta Nuova: in via Cuba, assai lontana dal centro della città, quasi in campagna.

Era una palazzina d'un sol piano, di signorile aspetto, con un balcone in mezzo e due finestre per ciascun lato.

— Un paradiso! Non ci si può morire.... — gli disse il portinajo nell'aprire il portoncino sotto il balcone.

Appena attraversato l'androne, Gregorio Alvignani, nel porre il piede sul primo dei tre scalini d'invito, che mettevano in una specie di corte, larga, ammattonata, cinta di muri e scoperta, sussultò improvvisamente a una strepitosa volata di colombi, che andarono ad allinearsi in capo ai due muri di cinta, grugando,

— Quanti colombi!

— Sissignore. Sono del padrone del casino. L'ho in custodia io.... Se vossignoria non li vuole, si portano via.

— No, per me, lasciateli; non mi disturbano.

— Come vuole. Vengo io a dar loro da mangiare, due volte al giorno, e a far pulizia.

E il vecchio portinaio li chiamò con un suo verso particolare e col frullo delle dita. Prima uno, poi due insieme, poi tre, poi tutti quanti scesero nella corte al noto richiamo, tubando, allungando il collo, scotendo le testine per guardare di traverso.

A sinistra, accostata al muro, esteriormente, sorgeva la scala in due brevi branche molto agevoli. Questa scala a collo, in quella corte, con quei colombi, dava all'abitazione un'aria villereccia molto modesta e allegra.

— Non c'è soggezione di sorta.... Vossignoria può guardare tutt'in giro. Nessun occhio ci vede qua dentro: solo Dio e le creature dell'aria.... — spiegò il vecchio portinajo.

Salirono a visitare la casa internamente. Erano otto stanze ammobiliate con una certa pretensione d'eleganza. L'Alvignani ne rimase contento.

— Il signorino ha famiglia?

— No, solo.

— Ah, bene. E allora, se volesse cambiato questo letto a due, con uno piccolo.... I padroni abitano qui a due passi, sul Corso Calatafimi. Se volesse mangiare in casa, fanno anche pensione.... Potrà avere insomma ciò che vorrà....

— Sì, sì, c'intenderemo.... — disse l'Alvignani.

— Aspetti: il terrazzo! Deve vederlo: una delizia! Le montagne, signorino mio, si possono toccare, così, con le mani.

Ah sì, sì: quello era il rifugio che ci voleva per lui: lì, al cospetto dei monti, alla vista della campagna....

Due giorni dopo vi prese alloggio.

— Qui mi riposerò.

Scendendo ogni mattina in città per il Corso Calatafimi, passava innanzi al Collegio Nuovo; guardava il portone, le finestre del vasto edificio; pensava che Marta era là, e si prometteva che l'avrebbe riveduta, sì, non foss'altro, per curiosità. Ma come? Bisognava trovar l'occasione. Pensava: — "Potrei entrare, anche adesso; farmi annunziare, e vederla e parlarle. No. Così all'improvviso, no. Sarà meglio prevenirla. Ella non sa neppure ch'io sia qui, tanto vicino a lei. Chi sa come la rivedrò? Forse non sarà più come prima....".

Passava oltre, lieto d'avere ancora un buon tratto di via deserta innanzi a sè, prima d'entrare in città, dove avrebbe senza dubbio incontrato tanti seccatori.

Era profondamente persuaso del proprio valore, dell'importanza sua; ma intanto, per ora, l'aria di spigliatezza un po' petulante, a cui s'abbandonava lungi da Roma e dagli affari, modificava a gli occhi altrui piacevolmente quanto d'assoluto era in quella persuasione.

Non aveva ancora ben definito come avrebbe occupato il tempo del suo soggiorno a Palermo. In ozio completo, no: ozio e noja eran per lui sinonimi. E l'ozio inoltre gli sarebbe riuscito molto pericoloso. Già, da quand'era arrivato, non aveva che un solo pensiero, o (com'egli diceva) una sola curiosità: riveder Marta.

— Comprerò qualche libro nuovo di letteratura. Leggerò. Continuerò poi, se me ne verrà la voglia, i miei appunti su l'*Etica relativa*. Basta, vedrò.

Non voleva fermarsi a lungo sopra alcun pensiero. Il suo spirito sonnecchiava nel benessere e si ristorava.

— Non si vuol morire; sfido!... Anche quando il cervello è annebbiato di pensieri, il corpo trova tante ragioni di godere: nella mitezza della stagione; in un bel bagno, d'estate; accanto a un buon foco, d'inverno; dormendo, desinando, passeggiando. Gode, e non ce lo dice. Quando parliamo noi? quando riflettiamo? Solamente quando vi siamo costretti da cause avverse; mentre poi in quelle che ci dànno diletto il nostro spirito riposa e tace. Pare così che il mondo sia soltanto pieno di mali. Un'ora breve di dolore c'impressiona lungamente; un giorno sereno passa e non lascia traccia....

Questa riflessione gli parve giustissima e originale, e sorrise di compiacimento a sè stesso. Ma come trovar l'occasione, il mezzo di riveder Marta? Per quanto cercasse di distrarsi, ritornava col pensiero sempre lì; e sempre si ritrovava intento a escogitare il modo d'ottenere quell'incontro, senza compromissione nè per lui nè per lei.

Usciva di casa. E, camminando, pensava: — "Se potessi vederla almeno per istrada, prima, senza farmi scorgere. Ma, e se poi ella s'accorge di me? Dal primo incontro dipenderà tutto.... "

Tutto — che cosa? Gregorio Alvignani rifuggiva dal pensarlo.

" — Dal primo incontro dipenderà tutto.... "

L'occasione a un tratto gli s'offerse, e gli parve molto propizia. Fu invitato a tenere una conferenza sopra un soggetto di sua scelta nell'aula magna dell'Università. Quantunque non avesse con sè che pochi libri e si trovasse affatto impreparato, pure accettò, dopo essersi lasciato molto pregare. Un largo, eloquente esame della coscienza moderna lo aveva sempre tentato: aveva con sè gli appunti per uno studio iniziato e interrotto su le *Trasformazioni future dell'idea morale:* se ne sarebbe giovato. Dall'esame della coscienza intendeva passare all'esame delle varie manifestazioni della vita, e principalmente di quella artistica. — *Arte e coscienza d'oggi* — ecco il titolo della conferenza.

— Le scriverò. La inviterò ad assistere alla conferenza. Così la vedrò, l'avrò innanzi a me, parlando.

Era sicuro del buon successo che non gli era mai mancato, e lo solleticava molto il pensiero che Marta lo avrebbe riveduto lì, tra gli applausi d'un numeroso uditorio.

Tracciò lo schema della conferenza, lo meditò punto per punto, poichè avrebbe parlato e non letto; e, quand'ebbe chiara la linea e intero il concetto, soddisfatto di sè, scrisse a Marta la lettera incendiva.

Il trionfo oratorio rispose quel giorno alla conferenza, come e forse più che l'Alvignani stesso non si fosse aspettato; ma non rispose Marta all'invito. Egli la cercò con gli occhi nell'ampia sala zeppa di gente; scorse la direttrice del collegio, sola: Marta non era venuta. E, come se non avesse inteso, dimenticò di rispondere a gli applausi con cui l'immenso uditorio lo accolse su l'entrare.

VIII.

— Venga, due passi.... Il mal di capo le svanirà. Vede che giornata? Due passi....

— Ha fatto male a venire....

— Perchè?

— Avrei voluto avvisarla.... Ma dove?

— Perchè? — insistette l'Alvignani.

Era turbatissimo anche lui. Non s'aspettava di ritrovar Marta in tanto rigoglio di bellezza e così confusa e tremante innanzi a lui. Non sapeva come spiegarsi la facilità con cui ella pareva si lasciasse condurre; e n'era quasi sgomento: temeva d'ingannarsi, si sforzava di dubitare e temeva di credere; temeva che un gesto, una parola, un sorriso imprudente non dovessero in un attimo rompere l'incanto.

Marta andava a capo chino, col volto in fiamme. Non avendo saputo, nè quasi creduto possibile separarsi da lui su la soglia del collegio, ed essendosi piegata all'invito di far due passi insieme, si era messa ad andare in su, dove il corso diveniva man mano più solitario. Non si sarebbe certamente avviata con lui verso la città, incontro alla gente.

Usciva dal collegio due ore prima del solito; nè il marito dunque poteva esser di già alle poste, nè Matteo Falcone l'avrebbe veduta. Pure ella tremava; le pareva che tutti dovessero accorgersi dell'imprudenza, anzi della temerità di lui e dell'estrema agitazione con cui ella lo seguiva, come trascinata veramente, come cieca. E non penetrava il senso delle parole ch'egli le diceva con voce tremante; ma le udiva. Eran parole ardenti e affollate, che le cagionavano a un tempo vergogna e sgomento, misti a un piacere indefinibile. Egli le diceva che da lontano aveva sempre pensato a lei....

Ed ella ripetè involontariamente, con aria incredula:

— Sempre....

— Sì, sempre!

Che diceva adesso? Che ella non gli aveva risposto? Quando? A qual lettera? Fece per alzare gli occhi a guardarlo, ma subito riabbassò il capo. Sì, era vero: non gli aveva risposto. Ma come avrebbe potuto rispondergli, allora?

Pensieri sconnessi le guizzavano intanto nel cervello: le due bambine a cui soleva dare in quel giorno la lezione particolare; l'ultima minaccia del marito nella lettera d'Anna Veronica; il mostruoso amore e la gelosia di Matteo Falcone.... Ma nessuno di quei pensieri riusciva a riflettersi su la coscienza di lei sconvolta, tra l'angoscia incalzante dei palpiti.

Ella sentiva ch'era di quell'uomo elegante, ardito, che le camminava a fianco, ch'era venuto a prendersela improvvisamente; e lo seguiva, come se egli avesse davvero un diritto naturale su lei, ed ella il dovere di seguirlo.

Èmpiti di sangue le balzavano alla testa; poi un subito spossamento le aggravava le membra. Aveva perduto affatto la coscienza di sè, d'ogni cosa; e andava innanzi senza volontà, nè speranza di poter più sciogliersi da quell'uomo che la avviluppava con la parola commossa.

Anche lui era preso e vinto dall'irresistibile fascino amoroso, e parlava, parlava senza saper bene ciò che dicesse, ma sentendo che ogni parola, il suono, l'espressione di essa erano in perfetta armonia, e avevan virtù spontanea d'infallibile persuasione. Nè anche egli pensava più; non sapeva che una cosa sola: che era vicino a lei, che non l'avrebbe lasciata più.

L'aria s'era come infiammata intorno ai loro corpi, s'era fatta avvolgente, e vietava ogni percezione della vita circostante: gli occhi non iscorgevano più alcun oggetto, gli orecchi non accoglievan più alcun suono.

Egli era arrivato a darle del tu, come già nell'ultima lettera, in quella scoperta dal marito;

ed ella questa volta lo aveva accolto senza quasi notarlo.

Da un pezzo lo stradone era divenuto solitario: la luce del sole metteva sul giallo della polvere come un fervore d'innumerevoli scintille che accecavano, e per cui pareva fervesse sotto i loro piedi anche la terra. Il cielo era d'un azzurro intenso, immacolato.

A un tratto si fermarono. Si fermò lui per primo. Marta si guardò attorno, smarrita. Ove erano? Da quanto tempo camminavano?

— Non eri mai arrivata fin quassù?

— No.... mai.... — rispose ella timidamente, continuando a guardare come se uscisse da un sogno.

— Di qua.... — le disse egli, prendendole senza alcuna pressione il polso e accennando una via traversa, alla sua sinistra.

— Dove? — chiese ella, forzandosi a guardarlo e ritirando un po' il braccio ch'egli non lasciava.

— Di qua, vieni.... — insistette egli, attirandola dolcemente, con un lieve, tremulo sorriso su le labbra aride, pallido in volto.

— Ma no.... io adesso.... — tentò ella di schermirsi, più che mai impacciata e sgomenta, notando il fremito della mano, il sorriso nervoso, il pallore del volto e l'espressione aggressiva degli occhi di lui, intorbidati e rimpiccioliti.

— Un momento solo.... di qua.... Vedi, non c'è nessuno....

— Ma dove? No....

— Perchè no? Vedrai la chiostra dei monti.... Morreale lassù.... poi le campagne tutte fiorite.... e da questa parte il mare, Monte Pellegrino.... e la città intera sotto gli occhi tuoi.... Ecco, la porta è qui. Vieni!

— No, no! — negò più recisamente Marta, guardando la porta, quasi non comprendendo ancora ch'egli abitasse lì e non trovando tuttavia la forza di liberare il polso dalla mano di lui.

Ma egli la attirò. Varcata la soglia, Marta trasse un lungo sospiro; sentì tra le mura del breve, angusto androne un momentaneo sollievo, come un fresco refrigerante.

— Guarda, guarda.... — le disse Gregorio accennando i colombi che tubavano tutti insieme, ora avanzandosi impettiti come in difesa del loro campo, ora allontanandosi impauriti dalla voce di Marta che s'era chinata a chiamarli:

— Come son belli.... Uh, quanti....

Gregorio la guardava così china, col desiderio irresistibile d'abbracciarla, di stringerla forte a sè e non lasciarla, non lasciarla mai più. Gli pareva d'averla sempre, sempre desiderata così, fin dal primo giorno che l'aveva veduta.

— Ora guarda: due scalini.... Andremo su al terrazzo....

— No, no, ora me ne vado.... — rispose subitamente Marta, rizzandosi.

— Come! Ora che sei entrata? Son due scalini.... Devi vedere il terrazzo.... Sei già qui....

Marta si lasciò novamente attirare; ma, appena posto il piede nell'interno della casa, si sentì sciolta dell'incanto che l'aveva fin lì trascinata; le s'infoscò la vista; un vertiginoso smarrimento la colse. Era perduta! E, come in un incubo, sentì l'impotenza di sottrarsi al pericolo imminente.

— Il terrazzo? Dov'è il terrazzo?

— Ecco.... vi andremo.... — le rispose Gregorio, prendendole una mano e premendosela sul petto.

Ella gli levò in volto gli occhi pieni d'angoscia, supplicanti.

— Dov'è? — ripetè, ritraendo la mano.

Non vedeva altro scampo, ora.

Gregorio la condusse attraverso le stanze; poi salirono un'angusta scaletta di legno.

Marta lassù sentì aprirsi il cuore.

Lo spettacolo era veramente magnifico. La enorme chiostra dei monti incombeva maestosa e fosca sotto il fulgido cielo. Le schiene poderose si disegnavano con tagli d'ombra netti. E Morreale pareva là un candido armento pascolante a mezza costa; e, sotto, la campagna sparsa di bianche casette si stendeva oscurata dall'ombra dei monti.

— Ora di qua! — diss'egli.

Quanto imminente e fosco era dalla parte dei monti lo spettacolo, tanto vasto e lucente spalancavasi dalla parte opposta. Tutta la città, distesa immensa di tetti, di cupole, di campanili, tra cui, gigantesca, la mole del Teatro Massimo, si offerse a gli occhi di Marta, e il mare sterminato in fondo, riscintillante al sole, sotto i cui raggi Monte Pellegrino rossigno pareva sdrajato beatamente.

Marta per un momento si obliò nella contemplazione del vasto spettacolo. Poi cercò con gli occhi il campanile del Duomo, dietro a cui sorgeva la sua casa; e subito, al pensiero della madre e de la sorella che colà la aspettavano, sentì più vivo il turbamento, più acuto il rimorso, e una sfiducia profonda e disperata di sè. Trasse il fazzoletto e si nascose la faccia.

— Piangi? Perchè, Marta? Perchè? — le domandò egli con affettuosa premura, accostandosele. — Vieni, scendiamo.... Adesso te ne andrai....

— Sì, sì.... subito.... — fece ella, sforzandosi di dominarsi. — Non dovevo.... non dovevo venire....

— Ma perchè? — ripetè Gregorio, afflitto, come ferito dalle parole di lei, ajutandola a discendere. — Perchè dici così, Marta? Marta mia.... Aspetta, aspetta.... Così! non piangere.... rassèttati....

E asciugandole gli occhi, la carezzava, tutto tremante.

— No.... no.... — cercava di schermirsi ella, abbandonata di forze.

Quand'egli la abbracciò, ella ebbe un fremito per tutte le membra, un singulto, come uno schianto, di chi cede senza concedere.

IX.

— Quando, quando ritornerai? — le domandò con fuoco l'Alvignani stringendola forte tra le braccia, su la scala.

Ella si lasciò stringere, senza rispondere: inerte, come insensata. A voler parlare, non avrebbe trovato la voce. Ritornare? Ma ora ella non arebbe più voluto andar via; non già per non sciogliersi da quelle braccia, ma perchè lì ormai si sentiva come giunta al suo fine, piombata nel suo fondo, dove tutti, tutti, tutti la avevano spinta, quasi a furia d'urtoni alle terga, e precipitata. Come ritrarsene? come ritornare più indietro? come riprendere più la lotta ormai? Era finita! Dove tutti avevano voluto ch'ella arrivasse, era arrivata. Ed egli che l'aspettava, se l'era presa; era venuto a prendersela, così, semplicemente, come se tutte le ingiustizie da lei patite gli avessero creato questo diritto su lei. Ecco perchè subito, fin dal primo vederlo, non aveva potuto resistergli e si era trovata senza volontà innanzi a lui così sicuro. Senza volontà! Questa era la sua più forte impressione.

— Mia.... mia.... mia.... — insisteva l'Alvignani, stringendola vie più forte.

Sì; sua! Cosa sua. Cosa data a lui.

Non intendendo quell'abbandono, o piuttosto, interpretandolo altrimenti, egli, com'ebbro, si chinò a susurrarle all'orecchio di trattenersi, di trattenersi ancora un poco....

— No, vado, — diss'ella, riscotendosi improvvisamente e quasi sguizzandogli dalle braccia.

Egli le prese una mano:

— Quando ritornerai?

— Ti scriverò....

E andò via. Appena sola per la strada, che circa un'ora avanti aveva percorso accanto a lui, si sentì come riassalita dai proprii sentimenti, smarriti, perduti lungo l'andare, quasi che essi si fossero posti in agguato, aspettando il ritorno di lei su i proprii passi.

Si voltò a guardare, quasi sgomenta, la via da cui era uscita; poi prese ad andare in giù, frettolosa, con la mente scombujata. E, andando, chiamava in soccorso, a raccolta, ragioni, scuse che sostenessero innanzi a lei medesima il concetto della propria onestà, quasi per farsene forte contro colui che così improvvisamente glie l'aveva tolta, e per sottrarsi nello stesso tempo all'idea che l'avviliva e la schiacciava, di essere stata tratta, cioè, quasi passivamente, a quella stessa colpa, di cui — innocente — era stata accusata. Volle costringersi a vedere, proprio, a sentire, ad assaporare in quella sua subitanea caduta, che la sconvolgeva, una vendetta, voluta, voluta da lei, la vendetta della sua antica innocenza, contro tutti.

Alla vista del collegio alla sua destra, volle con uno sforzo risollevar lo spirito. Rientrava ora in quel tratto del corso per cui era solita di passare ogni giorno. Rallentò il passo, proseguì più calma e più sicura, come se veramente si fosse lasciata dietro le spalle la colpa, solo perchè la gente, ora, vedendola, poteva pensare: “ Ella torna dal collegio „. Tuttavia si sentiva ancora addosso qualcosa d'indefinibile, che avrebbe potuto tradirla, se qualcuno avesse respirato molto vicino a lei, guardandola e parlandole. Procurò di sottrarsi alla molestia di questa sensazione, guardando le note insegne delle botteghe, i noti volti di quelli ch'era solita d'incontrare ogni giorno. La colse a un tratto il timore che, parlando, le avrebbe tremato la voce; e subito le venne alle labbra questo sospiro: — “ Ah, che stanchezza! „ — Pronunziò le parole tenendo attentissimo l'udito, ma come se esse esprimessero veramente quel che sentiva, e non fossero una prova immediata, suggerita dal timore improvvisamente concepito. Era la sua voce consueta, sì; ma le parve come non uscita dalla propria bocca, o come se lei stessa avesse voluto imitarla.

Notò con sollievo che nulla di nuovo era avvenuto nella vita di tutti i giorni per quella strada, che tutto insomma era come prima, e volle costringersi ad accordarsi anche lei alla uniformità consueta dei comuni casi giornalieri. Ecco, ella adesso passava sotto Porta Nuova, come jeri, come l'altro jeri. E man mano che s'appressava a casa, sentiva, così per forza di riflessione e di volontà, crescer la calma.

Maria era al terrazzo e, guardando di tra i vasi dei fiori imbasati in fila su la balaustrata, scorse giù nella via la sorella. Marta le fe' cenno con la mano, e Maria sorrise. Nulla di nuovo, neppure in casa.

— Come.... più presto oggi? — le domandò la madre.

— Più presto? Sì.... ho tralasciato una lezione particolare.... Mi faceva un po' male il capo.

Diceva la verità. La voce, ferma. Si rammentava del mal di capo a proposito. Sorrise alla madre e aggiunse:

— Vado a svestirmi. Maria è sul terrazzo.... L'ho vista dalla strada....

Sola, in camera, si stupì della propria calma, come se non se la fosse imposta lei stessa, a forza; si stupì di saper fingere così bene; e lo stupore era quasi soddisfazione. Si mostrò allegra quel giorno, come la madre e la sorella non la vedevano più da molto tempo.

Venuta la sera però s'accorse che non tanto per gli altri aveva bisogno di fingere, quanto per sè. Subito, per non badare alla propria inquietudine, per non star sola seco, trasse dal cassetto i còmpiti scolastici da correggere, come soleva ogni sera, tolse in mano la matita per segnare gli errori, e si mise a leggere, concentrando sul primo scritto tutta l'attenzione. Lo sforzo fu vano: una gran confusione le si fece nel cervello. Non potè rimaner seduta, e andò ad appoggiare la fronte che le scottava su i vetri gelidi del balcone.

Lì, con gli occhi chiusi, volle rifarsi lucidamente i minimi particolari della giornata. Ma la lucidezza dello spirito le s'intorbidava anche adesso, ricordando la passeggiata con l'Alvignani fino alla casa di lui. Egli abitava lassù, e la aveva trascinata, ignara, fino a casa sua! Ella avrebbe dovuto sciogliersi da lui, pervenuta lassù all'angolo della via. Ma come? se non aveva saputo proferire neanche una parola? Rivide la corte piena di colombi; la scala scoperta. Ecco: se la scala non fosse stata così scoperta, forse ella non sarebbe salita.... Ah, sì: certo! Le si riaffacciò innanzi lo spettacolo dell'ampia chiostra dei monti. Poi provò una strana impressione, suscitata dal ricordo d'aver cercato con gli occhi, dal terrazzo dell'Alvignani, il tetto della propria casa presso il Duomo: le parve di trovarsi ancora a guardare da quel terrazzo e di vedersi com'era adesso, lì, nella sua camera, con la fronte su i vetri del balcone.

— Tutti l'hanno voluto.... — mormorò fra sè, duramente, per ricacciar la commozione che già le stringeva la gola. — Gli scriverò, — aggiunse, aggrottando le ciglia; poi, con repentino mutamento d'animo, scrollando le spalle, terminò: — Ormai! Così doveva finire....

E scrisse una lunga lettera che s'aggirava tutta, smaniosamente, su queste due frasi: "Che ho fatto?„ e "Che farò?„. Il rimorso del subitaneo fallo vi si mostrava in uno slancio aggressivo di passione, nella frase appositamente ripetuta e sottolineata: — *Ora son tua!* — quasi per fargli paura.

"Andando in su, accanto a te, io non sospettavo.... Avresti dovuto dirmelo: non sarei venuta. Quanto, quanto sarebbe stato meglio per me e per te! Se tu sapessi quel che ho sofferto al ritorno, sola; come soffro adesso, qui, tra mia madre e mia sorella! E domani? Io mi trovo sbalzata fuori d'ogni traccia di vita, e non so come farò, quel che avverrà di me. Sono il sostegno unico di due povere donne; e io stessa sono senza guida, perduta.... Senti com'è amaro il frutto del nostro amore? Tanti e tanti pensieri v'infiltrano questo veleno. Ma com'è possibile non pensare, nella mia condizione? Tu sei libero: io no! La libertà delle anime, che tu dici, si riduce a un supplizio per il corpo incatenato.... „

La lettera terminava improvvisamente, quasi strozzata dalla mancanza di spazio, a pie' del foglietto. “ Bisogna che ci rivediamo. Ti avviserò quando.... Addio „.

X.

— Oh, mia cara, quando io dico: “La coscienza non me lo permette„ io dico: “Gli altri non me lo permettono, il mondo non me lo permette„. La mia coscienza! Che cosa credi che sia questa coscienza? È la gente in me, mia cara! Essa mi ripete ciò che gli altri le dicono. Orbene, senti: onestissimamente la mia coscienza mi permette d'amarti. Tu interroga la tua, e vedrai che gli altri t'hanno ben permesso di amarmi, sì, come tu stessa hai detto, per tutto quello che t'hanno fatto soffrire ingiustamente.

Così sofisticava l'Alvignani per ammansar gli scrupoli, i rimorsi e la paura di Marta, e spesso ripeteva sott'altra forma il ragionamento, perchè apparisse più chiaro e più convincente anche a lui, e la crescente foga delle parole stordisse anche i suoi scrupoli, i suoi rimorsi e la paura non manifestati nè apertamente nè segretamente ancora a sè medesimo.

Marta ascoltava in silenzio, pendeva dalle labbra di lui, si lasciava avvolgere da quel linguaggio caldo e colorito, persuasa a credere, non convinta. Purtroppo sapeva quanto le costasse quel venir di furto in casa di lui, e che tortura al collegio, e che smanie, che angoscia, le notti! Certo quello smarrimento, in cui si agitavano dissociati tutti i suoi pensieri, tutti i suoi sentimenti, la avrebbe tradita, un giorno o l'altro. Ella avrebbe voluto essere sicura del domani. Sicura di che? Non avrebbe saputo dirlo a sè stessa; ma sentiva che non era possibile durare a lungo in quello stato, protrarre quell'esistenza. Non trovava più luogo ove stare in pace un momento: nella propria casa, la menzogna; nel collegio, la tortura; nella casa di lui, il rimorso e la paura. Dove fuggire? che fare?

Andava dall'Alvignani unicamente per sentirlo parlare, per sentirsi dire ciò che, pensando fra sè, avrebbe voluto credere: che ella non era stata vinta; che quell'uomo non s'era impadronito di lei per violenza altrui; ma che ella lo aveva voluto, e ormai doveva starci, poichè gli s'era data. L'anima ne soffriva, smaniosamente, e soltanto nelle parole di lui riposava alquanto.

— Se tu amassi più, penseresti meno, — le diceva egli. — Bisogna dimenticare tutto nell'amore.

— Ma io non vorrei pensare! — diceva Marta, con stizza.

— Vedi, io penso questo soltanto: che tu sei

mia e che noi dobbiamo amarci. Guardami negli occhi: mi ami tu?

Marta lo guardava un po', poi abbassava gli occhi, le guance le s'invermigliavano e rispondeva:

— Non sarei qui....

— E allora? — le domandava egli e le prendeva una mano e la attirava a sè.

Ella non reluttava: si abbandonava vergognosa e tremante alla carezza; poi fuggiva, credendo, al destarsi dal momentaneo oblio del tempo, che si fosse trattenuta troppo da lui.

Egli intanto non rimaneva più su l'ultimo gradino della scala, fin dove soleva accompagnarla, insoddisfatto e affascinato, come il primo giorno. Ora, appena ella svoltava per l'androne, mandandogli con la mano un ultimo triste saluto, traeva spontaneamente un sospiro, come se provasse sollievo, o forse per pietà di lei, e risaliva lentamente la scala, pensieroso.

Svaniva così a poco a poco il primo stupore quasi di sogno, il primo turbamento cagionatogli dalla vista di Marta e dalla insperata facilità con cui il suo improvviso ardentissimo desiderio s'era effettuato. Ora egli si rendeva conto del perchè e del come fosse riuscito così d'un tratto ad averla; si rendeva conto dei sentimenti di Marta per lui. No: ella non lo amava: non gli si era abbandonata per virtù d'amore. Forse in altre condizioni, sì, lo avrebbe amato; non ora che, nello scompiglio dell'improvvisa caduta, s'aggrappava a lui come un naufrago s'aggrappa ad un altro, senza probabilità di scampo, disperatamente.

Come uscirne?

— "Vorrà venire con me a Roma?" — pensava l'Alvignani.

Egli ne sarebbe stato contento. Ma, e la madre? la sorella? Insieme con lei? Nessuna difficoltà, da parte sua. Ma come proporglielo? Ella si mostrava così altera.... e certo non avrebbe voluto piegarsi alla condizione ch'egli poteva offrirle. Questa, e non altra. Che cosa infatti avrebbe potuto fare per lei? Era pronto a tutto: aspettava un cenno.

Così pensando, l'Alvignani credeva proprio di non aver nulla a rimproverarsi.

— Ti stanco, è vero? — gli domandava ella amaramente. — Tu pensi a partire....

— Ma no, Marta! Donde lo argomenti? Mi giudichi male.... Tranne che tu non voglia venire con me....

— Con te? Se fossi sola! Vedi intanto che è vero che tu pensi a partire?

Gregorio si stringeva ne le spalle. Sospirava.

— Se non vuoi capire ciò che ti dico! Sono

qui, sarò qui, con te, fino a che tu non avrai preso una decisione per il nostro avvenire. Vorrei soltanto farti contenta. Non penso ad altro....

— E come? come? Se sapessi!

— Lo so: t'intendo. Ma vedi che per me non manca?

Sì; e Marta doveva convenirne. Ma che poteva ella volere? Aveva ognuno innanzi a sè una via, o triste o lieta; ella sola, no; ella sola non sapeva ciò che le restasse da fare.

Ormai da circa due mesi si trascinava così la loro relazione, aduggiata, intristita dall'ombra della colpa che la coscienza di lei continuamente vi projettava. Invano egli aveva tentato di rimuovere, di scuotere quest'ombra con le sue parole appassionate. Ora ne soffriva in silenzio l'oppressione, accrescendo il peso della comune tristezza con la propria inerzia, per renderla ad entrambi alla fine insopportabile.

— Tocca a te di decidere. Io te l'ho detto: sono pronto a tutto.

Partirsene, tornarsene a Roma, adducendo per lettera una scusa qualsiasi: l'improvviso richiamo per qualche urgente affare professionale? Così ella avrebbe forse trovato un po' di calma; e, nella calma, qualche decisione. No: dopo matura riflessione, aveva scartato questo partito come troppo violento. Sarebbe stato forse meglio proporle apertamente di finirla: non per lui; per lei che già ne soffriva tanto. Ma anche questo partito fu respinto da Gregorio Alvignani in previsione di qualche scena disgustosa. Meglio aspettare che a tal passo fosse venuta lei, da sè.

Sopraggiunse intanto una notizia inattesa, che sconvolse in diverso modo Marta e l'Alvignani. Anna Veronica annunziò in una lunga lettera che Rocco Pentàgora era gravemente ammalato, di tifo, e che già i medici disperavano di salvarlo.

Marta allibì nel leggere questa lettera che le giungeva come immediata, odiosa risposta ai voti disperati delle sue notti insonni, voti che la coscienza intimamente disapprovava, poichè ella ormai non si riconosceva più alcun diritto di sperare su la morte del marito. Eppure, quante volte, dibattendosi sul letto, non aveva pregato:

— Se morisse!

Moriva — ecco. Era per morire davvero.

In preda a una vivissima agitazione, ella si recò a comunicare la notizia all'Alvignani.

Questi restò perplesso a guardare Marta che lo spiava acutamente. Si guardarono un tratto, ed egli ebbe quasi l'impressione che il silenzio della stanza attendesse una sua parola, come se la morte fosse entrata e sfidasse il loro amore a parlare.

XI.

— A Palermo? Come mai!

E Gregorio Alvignani si fermò innanzi al professor Luca Blandino, il quale andava al solito con gli occhi semichiusi, assorto ne' suoi pensieri, col bastone sotto il braccio, le mani dietro la schiena e il lungo sigaro addormentato su la barba.

— Oh, bello mio! — fece il Blandino, guardando l'Alvignani senza alcuna sorpresa, come se già fosse stato in compagnia di lui un'ora innanzi. — Alza, alza un po' il mento: così.... Quanto?

— Che cosa? — domandò ridendo Gregorio.

— Codesti colletti, quando li hai comperati? Troppo alti per me.... Perchè ridi, birbante? Mi minchioni? Voglio comperarmene tre. Vieni, ajutami. Debbo fare una visita, e così come sono non potrei presentarmi. Arrivo adesso....

Prese il braccio dell'Alvignani che rideva ancora, e s'avviò con lui.

— Oh, a proposito! E tu che fai qui?

— A proposito di che? — gli domandò Gregorio Alvignani rimettendosi a ridere.

— Nulla, nulla.... per saperlo, — rispose il Blandino, diventando a un tratto serio e corrugando le ciglia.

— La Camera è chiusa.... — disse l'Alvignani.

— Lo so.... E tu perchè sei qui? Non vorrei fare un altro pasticcio.... Dimmi la verità.

— Che pasticcio? — domandò Gregorio, divenuto serio anche lui e sforzandosi di comprendere.

— Ora ti dirò.... Entriamo qui, — rispose il Blandino, cacciandosi in un negozio di biancheria. — Compro i colletti.

— Ho tenuto una conferenza all'Università.... Fra qualche giorno riparto....

— Per Roma?

— Per Roma.

— Colletti! — ordinò il Blandino al giovine di negozio. — Così, guardi.... come questi dell'amico mio, un po' più bassi.

Fatta la compera, Gregorio Alvignani propose al Blandino di andare a casa sua (Marta quel giorno non sarebbe venuta) — e si misero in vettura.

— Spiegami adesso il pasticcio.

— Ah, già! Dunque, una conferenza? E riparti subito?

— Spero....

— Avrei preferito di non trovarti qua.

— E perchè?

L'Alvignani credette di comprendere; tuttavia simulò un'aria tra smarrita e sorpresa. Un lieve sorriso gli si delineò su le labbra.

Da questo sorriso il Blandino, se fosse stato un osservatore più acuto, si sarebbe accorto che l'Alvignani s'era già messo in guardia.

— Perchè? Perchè mi dà sospetto la tua presenza qua....

— Oh sta a vedere ch'io non debba più venire a Palermo! E tu perchè ci sei venuto? E, di grazia, che sospetto?

— Non m'hai capito? — domandò il Blandino, guardandolo fiso.

— Non t'ho capito.... cioè, suppongo che tu non voglia alludere.... Sì? Ah sì? Ancora? Caro mio: acqua passata non macina più....

— Parola d'onore?

Gregorio Alvignani scoppiò di nuovo a ridere, poi disse:

— Sai la nuova? Tu diventi più stolido di giorno in giorno.

— Hai ragione! — confermò con molta serietà Luca Blandino, scrollando il capo e chiudendo gli occhi. — Oggi più smemorato e più balordo di jeri. Non posso più insegnare: non ricordo più nulla.... Ottanta, ottanta e ottanta: due lire e quaranta, è vero? Aspetta, credo che ci sia errore. Tre colletti, è vero? Due lire e quaranta....

ladri! Quanto mi hanno restituito? No, no — è giusto: quaranta e sessanta, cento — eccoli qua: tre lire giuste. Benissimo.... Dunque, dicevamo?

— Quanti anni di servizio hai da fare ancora per aver la pensione? — gli domandò Gregorio Alvignani.

— Molti. Non ne parliamo, ti prego, — rispose il Blandino. — Si tratta adesso di riconciliare Rocco Pentàgora e la moglie.

Gregorio Alvignani credette dapprima di non aver bene inteso e impallidì. Il risolino motteggiatore gli rimase tuttavia su le labbra.

— Ah sì? Come mai? Dopo....

S'interruppe: notò che la voce non era ben ferma.

— Sono venuto per questo, — aggiunse il Blandino, studiandolo. — Perciò ti dicevo che avrei preferito di non trovarti qua.

— E che c'entro io? — fece l'Alvignani con aria stupita.

— Sta' zitto, sta' zitto che c'entri, — esclamò sospirando il Blandino. — Ma non se ne parli più.... bisogna pensare alla riconciliazione, adesso.

— Sei sicuro che si farà? — domandò l'Alvignani, simulando una perfetta ingenuità.

— Speriamo.... Perchè no? Il marito la rivuole.

— S'è persuaso finalmente? — aggiunse Gregorio Alvignani con indifferenza.

Proseguirono in silenzio.

— Vetturino, di qua: via Cuba, al primo portone, — ordinò finalmente l'Alvignani.

Poco dopo, entrati nell'ampia stanza in cui si apriva il balcone dalla balaustrata a pilastrini, ripresero la conversazione.

— Sei incorreggibile! — esclamò, ridendo, Gregorio. — Vuoi proprio pigliarti tutte le gatte a pelare?

— Eh, lo so! Ma che vuoi farci? È il mio destino.... Tutti ricorrono a me.... Non so dire di no, e.... Questa volta però.... Sai che quel povero ragazzo si è ammalato? È stato proprio per morire....

— Il Pentàgora? Davvero?

— Lui, Rocco; eh sì. Ha avuto il tifo.... Io abito, non so se lo sai, nella stessa sua casa. M'ha fatto chiamare.... Poverino, s'è ridotto così male, che non si riconosce più. — “Professore, dice, lei deve ajutarmi.... Le lettere non servono a nulla.... Lei deve andare dalla madre di Marta; le dica come m'ha veduto.... Io voglio Marta, la voglio!...„ — E così, siamo qua, caro Gregorio! Speriamo di pôr fine a questa storia disgraziata per tutti....

— Sì, sì.... — affermò l'Alvignani, passeggiando per la stanza. — È il meglio che si possa fare, senza dubbio.

— Non è vero?

— Sì. Sarebbe stato meglio che nulla purtroppo fosse accaduto, come nulla doveva accadere.... Te lo dissi già una volta, rammenti? quando avesti il coraggio di venirmi innanzi come testimonio del Pentàgora. Egli agì allora inconsultamente, da ragazzo; volle provocarmi; io non potei più evitare il secondo scandalo del duello. Prevedevo fin d'allora questa soluzione.... Ci è voluto forse troppo tempo. Basta: ad ogni modo, ora egli ripara; fa bene.

— Ma sai che lui, il marito, — disse il Blandino, — ha tentato altre volte, dopo la morte di Francesco Ajala, di riconciliarsi? Ed ella non ha voluto saperne....

— Troppo tardi o troppo presto, forse, — osservò l'Alvignani. — Perchè bisogna compatire anche la moglie, mi pare! Non dovrei dirlo io; ma resti tra noi; tanto, ormai tutto è finito, o sarà tra breve. L'hanno infamata! Se qualche colpa.... cioè, colpa.... che dico colpa? errore, lievissimo errore c'è stato, l'ho commesso io, e me ne son pentito amaramente; me ne pento tuttora. Un momento d'aberrazione, lo confesso: la vicinanza, la simpatia vivissima.... la mia vita chiusa, sepolta nel lavoro.... un momento, insomma, di cordiale, irresistibile espansione, ecco! Sarei presto rientrato in me, mercè l'onestà di lei, se tutt'a un tratto, con una leggerezza incredibile da parte del marito, non fosse avvenuto quel che è avvenuto. Ah! Non bisogna trattenersi mai tanto nel sogno, caro mio, che l'urto della realtà sopravvenga! Quante volte non me lo sono ripetuto.... Questo per dimostrarti che se lui, il marito, fosse.... per disgrazia, sì, fosse morto, avrei subito riparato io al male che da ogni parte è piombato su la povera signora. Tu mi conosci: non son uomo d'avventure, io! Tu stesso m'hai scritto una volta per lei una lettera un po' troppo vivace, ti rammenti? Non me ne sono avuto a male. Ho fatto subito per la signora quanto m'è stato possibile: poco, purtroppo, in considerazione della jattura; ma tutto il possibile. Ora mi dài una consolante notizia. Le verrà completamente resa giustizia innanzi alla società. Ecco quello che bisognerà farle intendere.... Sì, perchè ella, m'immagino, non sarà molto ben disposta a rispondere adesso al pentimento del marito.... Siamo giusti! Ha troppo sofferto, poverina.... Da questo lato, vedi, io credo che tu debba presentare la proposta, per riuscire! E ci vuole efficacia, calore.... non mancherà a te! È proprio la via d'uscita, la riparazione completa per lei, la prova, il riconoscimento dell'innocenza da parte di chi la aveva accusata e condannata a occhi chiusi! Non ti pare? Questo, questo devi sostenere innanzi a lei!

— Sì, sì.... — approvò distratto il Blandino. — Lascia fare a me....

— Non ti pare? — ripetè l'Alvignani, assorto ancora nel suo ragionamento, come se specialmente lo volesse persuadere a sè stesso. — È proprio la fine desiderata, la vera, la giusta, la più naturale, del resto, di questa tristissima storia. Non puoi credere, caro amico, quanto ne sia contento.... Tu m'intendi: mi pesava su la coscienza enormemente questa condizione di cose fatta per mio incentivo a una donna, senz'alcuna ragione. Saperla, povera signora, così sbalestrata, ancora giovane, bella, fuori dell'ambiente suo, esposta alle indiscrezioni della gente.... era, credi, per me, un rimorso continuo.... Te ne vai?

— Sì, me ne vado, — rispose il Blandino, che già s'era levato.

— Vediamoci stasera.... vorrei sapere.... Ceneremo insieme?

Si diedero convegno, e Luca Blandino andò via. Poco dopo, Gregorio Alvignani, aprendo l'uscio della camera da letto quasi al bujo, si sentì sul volto queste due parole, come due schiaffi:

— Vile! vile!

Diede un balzo indietro:

— Tu qui, Marta!

E richiuse subito l'uscio.

XII.

— Qui. Ho inteso tutto, — riprese Marta, vibrante di sdegno.

— E che ho detto io? — balbettò Gregorio Alvignani quasi tra sè.

— Mi son tenuta le mani per non aprire, per non entrare a smascherarti innanzi a quell'imbecille! Di qui stesso avrei voluto gridargli: “Non gli creda! Io sono qui, in casa sua!„

— Marta! Sei impazzita? — gridò Gregorio. — — Che volevi che dicessi? Son io forse cagione, se egli è venuto a parlarmi di tuo marito?

— E t'ha chiesto forse che gl'insegnassi il miglior modo di prendermi al laccio, di presentarmi la proposta? Ah, ne sei contento? Davvero?

— Io? Ebbene, sì; per te....

— Per me? E quale altra viltà vorresti farmi commettere adesso? Per me, dici? E che son diventata io? Ora che hai ottenuto quello che bramavi, che ti sei stancato, di' un po', vorresti respingermi nelle braccia di mio marito?

— No, no! Se tu non vuoi!... — negò forte Gregorio.

— Voglia o non voglia: è forse più possibile,

ora, dopo quello che è avvenuto tra te e me? Hai potuto sperarlo, rallegrartene?... Dio! Che ne hanno fatto di me.... Che sono divenuta io? Mi hai aspettata; ci sono venuta, qua, in casa tua, coi miei piedi; e, ora che mi hai avuta, me ne posso pure andare da quell'altro?

— Come sospetti bassamente di me! — esclamò l'Alvignani, avvilito.

— Ah, io di te? E tu di me che pensi, se hai potuto sperare che.... Ma non sai il peggio ancora! Ah, la mia testa.... la mia povera testa....

E Marta si premette forte le tempie con le mani che le tremavano.

— Il peggio? — fece Gregorio Alvignani.

— Sì, sì: per me non c'è più scampo, ormai. Sappilo! La morte sola.

— Che dici?

— Sono perduta! M'hai perduta.... Sono venuta apposta per dirtelo.

— Perduta? Che dici? Spiègati!

— Perduta: non capisci? — gridò Marta. — Perduta.... perduta....

Gregorio Alvignani restò come basito, guardando fiso, con terrore, Marta, e balbettò:

— Ne sei certa?

— Certa, certa.... Come ingannarmi? — rispose ella, lasciandosi cadere su una seggiola. — Ah, per me è finita! Sono venuta per dirti questo.

Come nasconderò a mia madre, a mia sorella il mio stato?... Se ne accorgeranno.... No, no: prima morire.... Per forza io ora debbo morire, per forza.... Non mi resta più altro....

— Che sbaraglio! — mormorò egli annichilito, coprendosi la faccia tra le mani.

— Che riparo? che rimedio? — fece Marta disperatamente, tra le lagrime.

— Non piangere così! Cerchiamo insieme....

— Ah, tu, per te, lo so: per te, l'avevi trovata la via d'uscita....

— Per me? Come? No.... no.... Non rimproverarmi ancora.... Come potevo supporre? Perdonami! Senti: corro a raggiungere il Blandino. Gli dirò che.... la verità!... Che non si occupi più....

— Come! E poi?

— Tu verrai con me....

— Daccapo? Vuoi straziarmi l'anima inutilmente? O me lo dici perchè sai che non posso volerlo?

— E dàlli con la diffidenza! Marta, perdio, non vedi che il mio dolore è sincero? Non puoi volerlo: ma tu devi, adesso! Che vuoi fare?

— Non lo so.... non lo so.... Venire con te, sì, io potrei ormai: sono perduta.... Ma la mamma? mia sorella? Sai che vivono di me.... Posso io trascinarle nell'obbrobrio? Non intendi questo? Non sai chi è mia madre?

— E allora? — domandò Gregorio con voce irritata, cercando di rialzarsi dall'avvilimento con la forza della ragione. — Non intendi che non c'è più altro scampo? O con me, o con lui, con tuo marito!

Marta si levò in piedi, alteramente.

— No! — disse. — Quest'ultima viltà, no! non la commetterò mai!

— E allora? — ripetè Gregorio.

Dopo un momento di silenzio, riprese:

— Con me, no; con lui, neppure; mentre egli te ne offre il destro, provvidenzialmente.... Lasciami dire! Pensa: Non hai il coraggio di venire con me.... per tua madre e per tua sorella, è vero? Sta bene. Come ripari allora? O ti sacrifichi tu per loro, riunendoti con tuo marito, o si sacrifichino loro, e tu vieni con me. Ma dimmi: Hai forse cercato tu, adesso, il riparo che ti si offre? No. Egli, tuo marito, viene a offrirtelo, spontaneamente.

— Sì, — oppose Marta. — Ma perchè? perchè mi sa senza colpa, com'ero prima, e perchè è pentito d'avermi punita ingiustamente.

— E non t'ha punita davvero ingiustamente?

— Sì.

— E dunque? Perchè hai quasi l'aria di difenderlo adesso?

— Io? Chi lo difende? — gridò Marta. — Ma non posso più accusarlo ora, capisci?

— Ora accusi me, invece....

— Ma te, me stessa, tutti, la mia sorte infame.... — seguitò Marta.

Gregorio Alvignani si strinse ne le spalle.

— Ti stendo la mano.... la respingi.... Hai pure ascoltato ciò che ho detto di là al Blandino. Se tuo marito fosse morto, t'avrei fatta mia.... Qual'altra prova potrei darti dell'onestà delle mie intenzioni? Ma tu vuoi per forza vedere in me uno.... uno che si sia approfittato della tua sciagura! Ebbene, no! io non sono quel che tu mi stimi. Sono pronto, ora come sempre, a fare per te tutto quello che vorrai.... Che altro posso dirti? Perchè m'accusi?

— Me sola accuso, — disse Marta, cupamente. — Me sola, che son diventata la tua amante....

L'Alvignani, a questa parola, ebbe uno scatto improvviso: s'accostò a Marta, la prese per le braccia.

— La mia amante? No, cara! Ah, se io vedessi in te, negli occhi tuoi, un lampo d'amore! Andrei da colui, io; gli direi: “Tu l'hai scacciata senza colpa, infamata senza ragione, rovinata, perchè io la amavo? e ora che ella mi ama, tu la rivuoi? Ebbene, no! ora ella è mia, mia per sempre, tutta mia: uno di noi due è di troppo!„ Ma tu mi ami? No.... La mia amante, no! È ben per questo ho potuto accogliere con piacere il progetto inaspettato di una riconciliazione con tuo marito. Ho pensato che tu non potevi durare più oltre nella condizione che io t'avevo fatta, insopportabile per te che non mi amavi, non per me che ti amo, intendilo! Tu non mi hai mai amato: non hai amato nessuno, mai! o per difetto tuo, o per colpa d'altri; non so. Tu stessa l'hai detto: ti sei sentita spinta da tutti nelle mie braccia.... E ora, vedi, vedi, sarebbe questa la vera vendetta, questa; e se io fossi in te, non esiterei un solo minuto! Pensaci! Innocente ti hanno punita, scacciata, infamata; e ora che tu, spinta da tutti, perseguitata, non per tua passione, non per tua volontà, hai commesso il fallo — per te è tale! — il fallo di cui t'accusarono innocente, ora ti riprendono, ora ti rivogliono! Vacci! Li avrai puniti tutti quanti, come si meritavano!

Lo sdegno eloquente, impetuoso dell'oratore stordì Marta lì per lì. Rimase un tratto a guardarlo, poi gli occhi le andarono alla finestra della camera e furon colpiti dall'ombra sopravvenuta. Balzò in piedi.

— Già sera? E come faccio? È bujo.... Oh Dio, e che dirò a casa? Che scusa troverò?

— Quel che bisogna trovare è il rimedio, — disse l'Alvignani, cupo, non badando alla costernazione di Marta per l'ora tarda. — Pensa, pensa a ciò che t'ho detto....

— Tu ragioni, — sospirò Marta, — tu puoi ragionare.... io.... Lasciami, lasciami andare, ora.... debbo andare.... è già sera....

— T'aspetto qui, domani, — le disse egli. — Qualunque cosa tu decida, sappilo: pronto a tutto. Addio! Aspetta.... i capelli.... rassèttati un po' i capelli almeno....

— No, no.... ecco, così.... Addio!

Marta scappò via stropicciandosi gli occhi, ravviandosi i capelli, pensando alla scusa da addurre per il grande ritardo con cui rincasava.

Allo svolto della via, nella semioscurità, si trovò improvvisamente di fronte Matteo Falcone

— Donde viene?

— Lei! Che vuole da me?

— Donde viene? — ripetè il Falcone, quasi sul volto di Marta.

— Mi lasci passare! Chi le dà il diritto d'insolentir la gente per istrada? Fa la spia?

— Io la svergogno! — ruggì tra i denti il Falcone.

— Villano! Si approfitta d'una donna sola?

— Donde viene? — fece ancora una volta il Falcone, fuori di sè dalla gelosia, tentando di ghermire un braccio di Marta.

— Mi lasci, villano! o grido!

— Gridi, lo faccia venir giù! Sono così, ma ho polsi, perdio, da storcergli il collo come a un galletto! È quel biondo mingherlino dell'altra volta?

— Sì, mio marito! — fece Marta. — Vada a trovarlo!

— Suo marito? Come! Quello è suo marito? — esclamò il Falcone, interdetto, stordito.

— Mi si tolga dai piedi.... Non ho da rispondere a lei....

Marta prese la via precipitosamente, seguita dal Falcone.

— E suo marito? Senta.... senta.... Mi perdoni....

— Vuol mettermi alla disperazione? — gli disse ella voltandosi e fermandosi un istante.

— Non si disperi.... Io sono il disperato! Mi perdoni, abbia pietà di me.... merito compassione, non disprezzo.... Non sono io il mostro, il mondo è un mostro, mostro pazzo che ha fatto lei tanto bella e me così.... Mi lasci gridar vendetta! Ripari lei, in odio a questo mondo pazzo! Faccia lei la mia vendetta! È una vendetta.... è una vendetta....

Marta tremava tutta, di paura, di sdegno, correndo: s'era lasciato dietro il Falcone, che gridava gestendo in mezzo alla via deserta:

— Vendetta! Vendetta!

Le finestre si schiudevano, la gente usciva

dalle case terrene: in breve il Falcone fu circondato.

— Un pazzo! — si gridò dalle finestre.

Marta si volse un momento, e vide nell'ombra come una mischia: il Falcone inveiva contro la gente che tentava d'afferrarlo, vociando; ed egli urlava, divincolandosi. La strada s'animò d'accorrenti. Marta si diede a correre in giù, in giù, verso casa, mentre nella suprema agitazione, un pensiero sciocco, puerile entro il cervello le suggeriva: "Dirò che mi sono sentita male, al collegio.... „

Quando si fu di molto allontanata, già presso Porta Nuova, s'arrestò un tratto, come se la paura avesse dato a tutto il suo corpo un freno violento. Non avrebbe fatto il Falcone, nella pazzia sopravvenuta, il nome di lei?

Marta sentì aprirsi come un abisso entro il petto, e, nella turbinosa dissociazione d'idee e di sentimenti, restò perplessa un attimo, se tornare indietro o proseguire verso casa. Un'incosciente energia la sorresse: non pensava, non sentiva più nulla; riprese ad andare in giù, come seguendo il pensiero che entro il cervello le ripeteva: "Dirò che mi son sentita male, al collegio.... „.

XIII.

Entrando, il giorno dopo, trepidante, nella sala d'aspetto del collegio, Marta vi trovò la vecchia, linda direttrice che conversava col Mormoni e col Nusco.

— Ha saputo, signora?

— Che cosa? — balbettò Marta.

— Il povero professor Falcone!

— Falcone.... La signora lo sa: era da aspettarselo! — esclamò Pompeo Mormoni, trinciando in aria uno dei soliti gesti.

— Impazzito! — riprese la direttrice. — O almeno ha dato segni d'alienazione mentale, su la pubblica via, ieri sera.

Marta guardava negli occhi ora la direttrice, ora il Mormoni, ora il Nusco.

— S'è messo a urlare, — aggiunse questi, sorridendo nervosamente. — Poi s'è accapigliato, dicono, con la gente che gli s'è fatta intorno....

— Dove si trova adesso? — domandò al Mormoni la direttrice.

— Forse al manicomio, o almeno.... Ieri sera, dapprima, lo condussero in questura. Ubbriaco non era: non beve vino; ma ritornava forse da Montecuccio, perchè lui.... già! con quei piedi.... è solito di fare queste amenissime ascensioni: il sole gli avrà dato alla testa, o chi sa che grillo gli è saltato; gridava vendetta.

— Speriamo che a quest'ora, — augurò il piccolo Nusco, — sia rientrato in sè, poveretto!

— Sì, — fece la direttrice, — e intanto? siamo giusti: io confesso che ora avrei paura, se dovesse ritornare qui tra le mie alunne.... Voglio sperare che lo manderanno altrove, dato che ritorni in sensi, come gli auguro....

“Perderà il posto!„ — pensava Marta, ascoltando. — “Anch'io perderò il posto!....„

E impartì quel giorno le lezioni quasi automaticamente, con l'anima di tratto in tratto percossa, investita, trascinata via dai violenti pensieri tra cui s'era dibattuta angosciosamente l'intera notte.

L'idea della morte, sprizzatale quasi dal cervello, fra le strette dei due partiti odiosi proposti dall'Alvignani, la aveva dominata durante tutta la notte, e continuava a dominarla. Ma l'immagine dell'attuazione la riempiva ancora d'orrore, le dava quasi la vertigine. Contro la tenebra invadente, tremava ancora in lei un barlume di speranza: che ella cioè non fosse davvero nello stato, in cui purtroppo, per tanti segni, aveva argomento di temere che fosse. Questo barlume di speranza apriva nel bujo orrendo una pallida via d'uscita, l'unica. Ah, con quale impeto avrebbe voluto slanciarvisi. Trattenuta, come sotto un incubo, forzava gli occhi a scrutare questa via solitaria, lungi dall'Alvignani, lungi dal marito; e anelava, e spiava nello stesso tempo in sè, nel suo corpo, qualche accenno che le dèsse cagione di sperare.

Rientrando in casa, dopo le lezioni, vi trovò a visita i Juè, gl'inquilini del secondo piano.

Subito, dagli occhi della madre e de la sorella, s'accorse che il Blandino era già stato da loro. Gli occhi della madre brillavano; il volto acceso, alla vista di lei, le si ilarò a un tratto, contenendo a stento l'esultanza di fronte ai due importuni.

Avendo Marta detto alla Juè d'essersi sentita e di sentirsi ancora poco bene, questa esclamò, rivolgendosi alla signora Agata:

— Sturbi di stagione, sturbi di stagione, signora mia; non ne faccia caso. Mezza città ne soffre.... Noi abbiamo nella casa in via Benfratelli quella signora di cui le ho parlato una volta, si rammenta? quella poveretta divisa dal marito. Ebbene, a letto anche quella! L'altro jeri Fifo è andato a riscuotere quel po' di pigione che ci paga (una miseria) e, si sa.... è dovuto tornar via a mani vuote.... Ah, se sapesse, signora mia, quel che ci tocca di soffrire col cuore che abbiamo, per questa benedetta casa.... Diglielo tu, Fifo....

Il Juè, seduto con le gambe e i piedi uniti, le braccia conserte al petto, si spiccicò per ripetere la sua frase favorita:

— Cristo solo lo sa!

Poco dopo, marito e moglie "sospesero l'incomodo„. Appena andati via, la signora Agata buttò le braccia al collo di Marta e se la strinse forte, forte al seno, baciandola più e più volte in fronte:

— Figlia mia, figlia mia! tieni! tieni! Ecco il premio! Ti si rende giustizia, finalmente!

Gli occhi le si riempirono di lagrime e proseguì:

— A tuo padre, sant'anima, quella sera, non glielo dissi io? La luce si farà; l'innocenza di tua figlia sarà riconosciuta! Aspetta, aspetta.... Ah, se egli vivesse ancora! Non piangere, non piangere, figlia mia.... Che hai? Oh Dio, Marta, che hai?

Marta si lasciò cadere su una seggiola, pallida, fosca, tutta tremante.

— Sai che mi sento male.... — mormorò.

— Sì, ma ora non bisogna piangere più! — riprese la madre. — Sai chi è stato da noi questa mattina? Tu forse non lo conosci: il Blandino.... il professor Blandino. E sai perchè è venuto? chi l'ha mandato? Tuo marito! Sai ch'egli è stato per morire?

— Lo so, — disse Marta con le ciglia aggrottate.

— Lo sai? come lo sai?

— Me l'ha scritto Anna Veronica.

— Ah, di nascosto?

— Sì, gliel'ho raccomandato io, che non parlasse mai di lui nelle sue lettere a voi.

— Sì sì, ma ora.... Di', sai forse pure....

Marta, levandosi con pena, abbattuta:

— Vuole riconciliarsi, è vero? — disse.

— Sì, sì, — affermò con gioja la madre. Ma le cadde subito quella gioja di fronte al cupo aspetto di Marta.

— Ti pare possibile ormai? — domandò questa, lasciando cadere le parole e guardandola negli occhi.

— Come! Perchè? — esclamò la madre, stupita.

— Perchè? Egli mi rivuole; non lo voglio più io.

— Come.... e non pensi.... ma come? — balbettò la madre. — Se questa è per te la riparazione? Non vedi che ti si rende giustizia in faccia al mondo? E vuoi ricusarti? Come?

— Giustizia.... riparazione.... — la interruppe Marta. — Tu ci credi, mamma?

— Come no? Se il Blandino è venuto qua....

— Ah, che il Blandino è venuto, lo so.... Mamma, è inutile! Io dico: credi tu che quello che mi hanno fatto, prima lui, Rocco, poi il babbo, sia riparabile? No, mamma, no: non si ripara.... Io rimarrò, stanne pur certa, quello che sono, nè più nè meno, nel concetto della gente.... Sai che si dirà? Si dirà ch'egli ha perdonato; nient'altro! e rideranno di lui, come d'un imbecille.... Io sarò sempre la colpevole.... E come no? “Se fosse stata davvero innocente, — diranno — e perchè dunque il padre si sarebbe rinchiuso dalla vergogna per mesi e mesi al bujo, in una camera, fino a morirne? E perchè il marito la scacciò?„ Ma, e poi! riparazione, sì, e il babbo a te, a Maria, chi ve lo ridà? E tutto quello che abbiamo patito, chi ce lo leva dal cuore? Ma sul serio? Sono strappi, questi, che si rappezzano, forse? No, mamma. Io non debbo, nè posso accettare il pentimento di lui....

— Ma se egli ora riconosce pubblicamente il suo torto....

— Nessuno gli crederà.

— Nessuno? Ma tutti, figlia mia! Chi avrà più diritto di parlare, se lui ti rende giustizia? Oh, figlia mia, e credi che la gente non sappia che tu sei innocente?

Marta si sentì mancare sotto lo sguardo della madre e della sorella rimasta muta ad ascoltare.

— Sì.... sì...., — disse. — Ci penserò; lasciami pensare.... Ora non posso dirti nulla.

— Pensaci, pensaci, Marta, per carità! Vedrai che è giusto e addiverrai.... ne son certa! Intanto, di', al Blandino che risposta debbo dare?

— Nessuna, per ora. Digli.... digli che ho bisogno di tempo per riflettere, ecco.... Mi si dia tempo, rifletterò....

Ma che riflettere? Aspettare che quel barlume di speranza smorisse di giorno in giorno e il il bujo e il vuoto s'intendessero vieppiù, dentro e intorno a lei.

Presto riconobbe che nessun inganno era più possibile. E così, di fronte all'orrore che l'idea della morte le incuteva, si vide costretta a decidere, come se, inseguita da qualcuno, per non farsi raggiungere, dovesse al più presto nascondersi, cacciarsi in un antro pauroso, orrendo: morire! Sì, morire, morire....

La corrente della vita giornaliera s'infrangeva contro questo scoglio fosco dell'idea ormai fissa, scompigliando, a ogni flusso d'inconscia resistenza, pensieri e sentimenti.

Nessuna distrazione, neppure momentanea. Da tutte le parti si vedeva stretta, spinta. La sua esistenza non poteva, non doveva contare più che pochi giorni: uno, due, tre giorni ancora.... e poi? Il sangue le s'agghiacciava nelle vene. Si ritraeva dal balcone per paura che un'improvvisa persuasione non la spingesse a troncar subito quella sua orrenda, cosciente agonia.... Oh no, no: quella morte, no! Ma armi, in casa, non ce n'erano.... Un veleno! Meglio morir di veleno.... Come procacciarselo?

Farneticava, e le ultime energie vitali si appigliavano a queste difficoltà materiali, le ingrandivano. Sentiva nelle altre stanze parlare la madre, e si domandava: — "Come farà? Avranno pietà di lei e di Maria, quando io non sarò più?„ Ma perchè la madre considerava come premio e compenso alle sciagure d'ogni sorta patite il pentimento del marito, la proposta di riconciliazione? Questo avrebbe voluto gridare alla madre che la martoriava in quei giorni, parlandole della giustizia che il tempo suol fare anche a dispetto degli uomini. — "La chiami giustizia, tu? Mi credi innocente, e chiami giustizia il pentimento di colui che m'ha infamata senza ragione? E se io fossi ancora veramente come tu mi credi, di che mi compenserebbe questo pentimento? Ah, ti pare che possa sorridermi l'idea di tornare a vivere in compagnia d'un uomo che mi ha fatto tanto male e che non m'intende, che io non stimo e non amo? Sarebbe questo il premio dell'innocenza mia?„

Volle recarsi un'ultima volta dall'Alvignani. Non s'illudeva; ma.... chi sa!... forse egli, pensando, parlando col Blandino, aveva trovato qualche altro scampo.

— Stavo a scriverti! — le disse Gregorio, vedendola entrare. — Ecco la lettera....

Marta stese la mano per prenderla.

— No, è inutile, ora.... La lacero: pazzie! Non sei più venuta....

La guardò; le lesse in fronte la disperazione, e aggiunse:

— Povera Marta!

Poi le domandò, ma quasi senza speranza di risposta:

— Hai deciso?

Marta sospirò, aprendo le mani a un lieve gesto desolato, e sedette.

Egli tornò a guardarla, e sentì tutta la gravezza enorme, insopportabile della loro posizione. Quel silenzio, quell'inerte irragionevolezza opprimente lo urtarono. Per scuoterla, disse:

— Verrai con me?

Ma ella si voltò solamente a guardarlo. Poi chiuse gli occhi e reclinò indietro il capo, con disperata stanchezza.

— Nulla, dunque, nulla, — disse, — non hai trovato nulla....

— Ma che trovare? — s'affrettò egli a rispondere, appassionatamente. — Giorno e notte ho pensato a te; ho aspettato che tu venissi.... È inutile cercare, Marta! Guarda, ti scrivevo proprio questo.... “Decidi, decidi presto: non c'è tempo da perdere; ne hai perduto già troppo.... Da' una risposta al Blandino, digli subito o sì o no, e se no.... „ Guarda, e qui ti proponevo.... Vuoi leggerlo tu?.... Leggi, leggi....

Marta prese la lettera ch'egli le porgeva, indicandole il punto da cui doveva cominciare la lettura; ma dopo alcuni righi abbassò la mano su le ginocchia.

— Leggi fino in fondo! — la esortò egli.

Marta si rimise sotto gli occhi la lettera. Per quanto mal prevenuta, ella, leggendo, espresse sul volto l'ansia con cui cercava su quel foglio una parola che le facesse nascere un pensiero non ancora sorto nel suo cervello; l'ansia con cui un moribondo per sete può cercare nel secco, petroso letto d'un torrente un filo, una goccia d'acqua. Ed eran come aridi, pesanti sassi per lei quelle parole dell'Alvignani: con gli occhi le rimoveva, non trovandovi nulla sotto; e accennava desolatamente di no, di no, col capo.

Terminata la lettera, si levò in piedi sospirando, senza dir nulla.

— Che ne pensi? — domandò egli.

Marta si strinse ne le spalle, e restituì la lettera, esclamando:

— Non ripigliamo la discussione inutile dell'ultima volta, per carità, o il mio cervello....

— Ma che vuoi fare? — la interruppe egli, accigliandosi, con aria provocatrice.

— Non vedi? — gli rispose Marta semplicemente. — Che altro mi resta da fare?

— Tu sei pazza! — gridò l'Alvignani.

— Pazza? Ma avrei dovuto farlo molto tempo prima, quando viveva ancora mio padre.... E allora.... allora non sarebbe stato brutto come adesso! Ora sono con le spalle al muro.

— Ti ci metti tu! — rimbeccò duramente l'Alvignani.

Le prese ambo le mani, e seguitò:

— Ma ragiona con me. Chi dev'esser punito? Devi esser punita tu, forse? Lui, lui, lui!

— E come? — disse Marta. — Con l'inganno mio? E sarebbe per lui allora la punizione? Ma sarebbe mia! Non vedi, non senti che mi fa orrore? Per me, per me mi fa orrore! Non lo intendi? Se io fossi una cosa.... Ma io penso, io so che sono stata con te, so come sono.... e non posso, non posso: mi fa orrore!

— Non è possibile, senti, — le disse allora l'Alvignani, levandosi, risoluto, — non è possibile che io ti lasci compiere così, sapendolo, un doppio delitto. Dunque tu non pensi più neanche a tua madre, a tua sorella? Io scriverò!

— A chi? — domandò Marta, scotendosi.

— A lui, a tuo marito, — rispose l'Alvignani. —

Non posso lasciarti sola, abbandonarti a te stessa, alla tua disperazione....

— Sei pazzo? — lo interruppe Marta. — Che vorresti scrivergli?

— Non lo so. Mi detterà la coscienza. So questo soltanto, che tu non sei la colpevole. O su me o su lui deve cadere la punizione, e chi di noi due resta, ripari!

— Follie! — esclamò Marta. — No.... senti.... senti....

S'interruppe: un'idea le balenò in mente, e subito il volto le si rischiarò, quasi sorrise.

— Non scrivere tu, — riprese. — Gli scriverò io.... Lascia che gli scriva io.... Ho trovato! Ho trovato!

— Che cosa? — domandò ansiosamente Gregorio. — Che gli scriverai?

— Ho trovato! — ripetè Marta, con gioja. — Sì, così si aggiusterà tutto.... Vedrai! Poi ti dirò.... Ora lasciami andare....

— No, dimmi prima....

— Dopo, dopo.... — fece Marta. — Tutto si aggiusterà, ti dico.... Lasciami andare.... Te lo dirò poi.... Promettimi che tu non scriverai....

— Ma io vorrei sapere.... — oppose, perplesso l'Alvignani.

— Non hai nulla da sapere. Lascia fare a me.... Promettimi....

— Ebbene: prometto.... Quando ritornerai?

— Presto. Non dubitare: ritornerò. Ora, addio!

— Addio! Presto!

Marta andò via; e, cammin facendo verso casa, l'idea che le era balenata in mente, man mano assunse forma concreta, precisa. Nello stato d'esaltazione, quasi di delirio, in cui si trovava, non vedeva l'assurdo del rimedio improvvisamente concepito. E diceva tra sè, andando: — "Io non accetto il suo perdono, il perdono di chi avrebbe invece da pentirsi.... Non l'accetto.... Una punizione io me la merito. Sta bene! Me la darò. Ma una riparazione a tutto il male ch'egli mi fece prima, ingiustamente.... una riparazione egli me la deve.... Bene: io mi tolgo di mezzo, e quand'io mi sarò tolta di mezzo, perchè egli non potrebbe sposare mia sorella? Maria è saggia.... Maria è buona.... lo farà per la mamma.... faranno una sola famiglia con la mamma.... E così tutto sarebbe riparato.... "

Andava in fretta, parlando tra sè; si sentiva come alleggerita da un peso enorme; si guardava intorno con gli occhi lucidissimi, ilari, e quasi rideva davvero a ogni cosa in cui lo sguardo s'imbattesse. Le pareva che una perfetta calma le si fosse fatta nello spirito.

E in tale stato d'animo rincasò.

— Hai deciso, Marta? — si arrischiò di domandare la madre.

— Adesso, mamma, — rispose ella. — Ci ho pensato a lungo. Debbo scrivergli. Non dubitare: stasera o domani gli scriverò. Penso a voi!

— A noi? Ma devi pensare a te, figliuola mia.... Vedi come ti sei ridotta?

— A me e a voi.... — disse Maria. — Non dubitare.

XIV.

Aveva preso sonno sul far del giorno. Durante la notte, aveva formulato la lettera per il marito, vagliando ogni parola, escludendo ogni frase di tenerezza per sè, di recriminazione per lui. S'era poi messa a immaginare la vita degli altri senza di lei, minutamente: il pianto, la disperazione della madre e della sorella: il conforto ch'egli, il marito, sarebbe accorso a recare; il rammarico, la meraviglia dei conoscenti; il compianto.... poi, con l'andar dei giorni, la calma desolata in cui il cordoglio s'assopisce; e man mano le strane piccole sorprese nel vedere, nel sentire che la vita ha seguito e segue tuttavia il suo corso, e noi.... noi con essa. I morti? I morti son lontani.... Dove, lei, dove, quando si sarebbe col tempo allontanata dal ricordo dei suoi?

Dopo due ore appena di sonno, si svegliò tranquillissima, come se l'animo avesse, durante il breve riposo, espulso la determinazione violenta. Nè di questa calma si stupì: a lungo aveva pensato, a lungo discusso, e aveva pensato specialmente pe' suoi: nessun rimorso, dunque; era preparata, già pronta. Dopo colazione avrebbe scritto la lettera; ecco, e poi, verso sera, sarebbe uscita per impostarla con le proprie mani; e poi.... poi non sarebbe ritornata più in casa. Ormai ogni difficoltà circa al modo di darsi la morte le appariva puerile: si sarebbe recata in prossimità della stazione ferroviaria, e giù, col capo tra le ruote d'un treno; o al mare, per annegarsi in qualche punto deserto.

— Che bel tempo! — disse a Maria, uscendo dalla camera. — Avevo lasciato gli scuri accostati per destarmi appena fosse giorno.... aspetta, aspetta: il giorno non spuntava mai....

Il cielo infatti era coperto e minaccioso, la prima volta, dopo tanta stagione serena.

Marta quel giorno fu dolcissima con la madre e con la sorella, in ogni parola, in ogni sguardo. Fu quasi allegra a tavola. Terminata la colazione, annunziò alla madre che avrebbe scritto al marito.

— Sì, figlia mia.... Dio t'assista!

La madre era sicura che Marta accondiscendeva alla riconciliazione; e con Maria attese tranquilla alle consuete faccende domestiche.

Nel pomeriggio il cielo s'incavernò: nubi gravide di temporale s'addensarono su la città, e si levò un gran vento. A ogni sbuffo, i vetri delle finestre, urtati con violenza, pareva dovessero fragorosamente cedere alla furia; e su, la porticina del terrazzo sbacchiava a quando a quando. Guizzò a un tratto, nella tetraggine, un lampo vivissimo e quasi contemporaneamente il tuono scoppiò squarciando l'aria con formidabile rimbombo. Marta cacciò un grido fuggendo dalla camera, e andò ad aggrapparsi alla madre, tremando a verga a verga, pallida, convulsa.

— Vergogna! Hai avuto paura? — le disse la madre, carezzandole i capelli. — Vedi come sei nervosa? Che bambina....

— Sì, sì.... — fece Marta, scossa da brividi, che diventarono singhiozzi. — Nervosa.... nervosa.... Non è possibile che scriva oggi.... Scriverò domani.... Tremo tutta....

— Sta qui con noi, — le consigliò Maria.

Star lì con loro, lì, in quella cucinetta raccolta, assaporando la vita domestica, chiusa, ristretta e santa, la vita che non era più per lei!

Aveva lacerato tanti e tanti fogli di carta: la lettera facilmente formulata nella delirante esaltazione della notte, le era parsa, sul punto di scriverla, senza nesso, inconsistente. S'era messa a pensare per riformularla; invano! lo spirito le rimaneva attonito; arido, il cervello; e intanto il corpo smaniava sotto l'imposizione della volontà. Sentiva il corpo l'incombente minaccia del tempo, l'elettricità vibrante nell'aria, la violenza del vento, e gli occhi si erano volti a guardar fuori. Ella si era veduta allora in preda a quel vento, lungo la spiaggia deserta, col mare mosso, rabbioso, urlante sotto gli occhi; si era veduta in cerca d'un luogo acconcio per buttarsi a quelle onde torbide, orrende, giù; e mentre con l'animo sospeso seguiva quasi i suoi passi fino all'ultimo, fino al punto di spiccare il salto fatale, era guizzato il lampo, era scoppiato il tuono.

Un momento dopo, rideva istintivamente alle parole della madre e di Maria, che la calmavano, scherzando su la paura da lei avuta.

La sera precipitò orrenda su la città. Marta, la madre e Maria stavano raccolte a cena, quando una forte scampanellata alla porta fece loro a un tempo esclamare:

— Chi sarà a quest'ora?

Era donna Maria Rosa Juè, la quale entrò con le mani per aria, scotendo la testa e gridando:

— Signora mia! signora mia! Che ho da dirle! Càpitano tutte a me! E che v'ho fatto, Signore Iddio, che v'ho fatto? Quella poveraccia, l'inquilina mia ai Benfratelli.... signora mia, sta per morire.... Gesù! Gesù! Gesù! Muore lì, come una cagna, salvo il santo battesimo.... Le ho mandato il medico a mie spese; le ho comprato le medicine: imposture, signora mia, che non servono a nulla, ma tanto perchè non si dica che sia mancato per noi.... Non ci ha pagato la pigione.... Basta.... Ora io dico: qualche parente questa poveraccia ce l'avrà, deve avercelo laggiù, nel loro paese.... Non parlo per la miseria della pigione, del medico, delle medicine.... ma per il funerale, signora mia! chi deve mandarla al camposanto? Io e Fifo abbiamo fatto già troppo, per carità, per amor di prossimo.... Con questo tempaccio, poi! Vento, signora mia, che si porta la gente per aria.... Siamo tornati un momento per prendere un boccone in fretta e furia.... andiamo di nuovo, adesso, per stare a vegliarla magari tutta la notte.... Come si fa? Siamo cristiani! Ah, i mariti, i mariti! Non parlo del mio: io, per grazia di Dio, indegnamente, due, signora mia, uno meglio dell'altro: la sant'anima e questo che è il ritratto di suo fratello, tal quale, lo stesso cuore. Ci roviniamo, signora mia, per il buon cuore.... Possono scrivere loro a qualcuno, se conoscono qualche parente?

— Sì, al figlio.... — rispose la signora Agata, stordita dalla furia con cui la Juè aveva parlato e dall'annunzio inatteso.

— Come! — esclamò donna Maria Rosa. — Quella poveraccia ha un figlio? E il figlio la lascia morire così, come se fosse una cagna? Ah, i figli, i figli, peggio dei mariti! Gli scrivano per carità; gli scrivano che è proprio a gli estremi! Questa sera stessa le faccio dare i sagramenti.. Siamo cristiani, sì o no? è carne battezzata, sì o no?

— Vengo con lei, — disse Marta, levandosi da sedere.

La madre e Maria si voltarono a guardarla,

— Vuoi andar tu? — domandò la madre. — Ti senti così male, Marta, e con questo tempo....

— Lasciami andare.... — insistè Marta, avviandosi per la sua camera.

La signora Agata stimò saggio consiglio non opporsi; ammirò la figlia che rispondeva così, con un atto di generosità, al male che il marito le aveva fatto. E le parve che con quella visita alla suocera moribonda Marta volesse rispondere al pentimento del marito, e suggellare la pace.

Marta, invece, cercando il cappellino e lo scialle nella camera al bujo, pensava tra sè: " — Sarà una vittima anche lei. Voglio vederla, conoscerla.... „

— Eccomi pronta.

— Si appunti bene il cappellino, anzi lo lasci, dia ascolto a me, — le suggerì donna Maria Rosa. — Lo scialletto in capo, come ho fatto io.

Don Fifo attendeva sul pianerottolo del secondo piano, morto di freddo, con le mani in tasca, il bavero alzato.

Appena fuori su la via, Marta sentì la straordinaria furia del vento che ruggiva per la strada, come se volesse portarsi via tutte le case. Guardò in alto, il cielo sconvolto, corso da enormi nuvole squarciate, tra cui la luna, scoprendosi di tratto in tratto, pareva fuggisse impaurita, precipitosamente. La via era quasi al bujo: alcuni fanali erano stati spenti dal vento, che sul poggetto del Papireto aveva anche spezzato un albero e gli altri agitava, storceva. Le vesti impedivano alle due donne, curve contro la furia, d'andare speditamente. Don Fifo teneva con ambe le mani le tese del cappelluccio sprofondato fin su la nuca.

Alla svolta del Duomo, sul Corso, un non mai visto spettacolo: un fragoroso torrente, crescevole sempre, di foglie secche rovinava vorticosamente, come se il vento avesse strappato tutte le foglie delle campagne e via con impeto di rabbia, in un veemente eccesso di distruzione se le trascinasse da Porta Nuova giù, giù, fino al mare, in fondo.

Le due donne e don Fifo furon presi dal turbine a le spalle e spinti di corsa in giù, quasi sollevati con le foglie. A un tratto don Fifo cacciò un grido, e Marta lo vide saltare come un grillo e precipitarsi dietro il cappello sparito in un attimo tra le foglie, nel turbine.

— Lascialo, Fifo! — gli gridò la moglie.

Ma anche don Fifo sparve nel turbine delle foglie, nel bujo.

— Di qua, di qua! — disse la Juè a Marta, scantonando per via Protonotaro, che non imboccava il vento e in cui una moltitudine di foglie s'era rifugiata. — Andrà a ripigliarsi il cappello a Porta Felice, se pure lo arriva! Ci voleva anche questa, ci voleva!

Traversarono la piazzetta dell'Origlione, e presto furono in via Benfratelli.

— Ecco, entri, è qua, — riprese la Juè, cacciandosi in un portoncino.

Salirono la scala erta e stretta al bujo, fino all'ultimo piano. La Juè trasse dalla tasca una grossa chiave, vi soffiò nel buco, cercò a tasto la serratura e sfermò la porticina. Subito, aprendo, gridò:

— Gesummaria! Le finestre!

Le tre stanze, che componevano la miserrima dimora della moribonda, erano invase dal vento che aveva sforzate le imposte e rotto i vetri. La candela nella camera da letto s'era spenta, e nel bujo rantolava spaventata Fana Pentàgora.

— I vetri! anche i vetri.... tutti rotti! A voi l'offro, Signore, in penitenza de' miei peccati!...

esclamava la Juè mettendo nelle braccia tutta la forza per richiuder le imposte contro il vento.

Marta era rimasta su la soglia, raccapricciata, con gli orecchi intenti al rantolo mortale, che era come il palpito orrendo della tenebra in quella camera.

Richiuse le imposte, il rantolo divenne, nel silenzio, insopportabile.

— E i fiammiferi? — sclamò donna Maria Rosa. — Ce l'ha Fifo che corre dietro al cappello e lascia noi qui, al bujo, nell'imbarazzo. — Ah che uomo! Tutto l'opposto, certe volte, di suo fratello, sant'anima! Vo a cercare in cucina....

Marta si accostò al letto, tentoni, quasi attirata dal rantolo. Fece per appoggiare le mani sul letto e subito le ritrasse, con vivissimo ribrezzo: aveva toccato il corpo della giacente; si chinò su lei e la chiamò, sottovoce:

— Mamma.... mamma....

Solo il rantolo angoscioso le rispose.

— Sono la moglie di Rocco.... — riprese Marta.

— Rocco.... — parve a Marta d'udir balbettare dalla moribonda, nel rantolo.

— La moglie di Rocco.... — ripetè. — Non abbia più paura: sono qua io....

— Rocco, — fece questa volta veramente la moribonda, sospendendo il rantolo.

Il silenzio diventò pauroso.

— Zitta, ora! — riprese Marta in tono d'amorevole ammonimento. — C'è la padrona di casa....

Un zolfanello acceso, riparato da una mano si moveva nel bujo, come un fuoco fatuo.

— Dov'è il lume? Eccolo!

Donna Maria Rosa, acceso il lume, rimase con le dieci dita delle mani aperte per aria.

— Dio, che schifezza! Mi sono tutta insozzata in cucina.... Guardate, guardate che babilonia qui!

I frantumi dei vetri della finestra erano schizzati fino in mezzo alla camera.

Intanto Marta osservava con raccapriccio la moribonda, che moveva lentamente la testa affondata nei guanciali, cercando con gli occhi smorti, attoniti, nella camera, come stupita dal lume e dal silenzio, dopo la tenebra e l'urlo del vento. Aveva una grossa maglia nella luce dell'occhio destro, e la pelle tutta della faccia e specialmente il naso punteggiato di nerellini, che spiccavano nell'estremo pallore, madido, opaco del volto. I capelli grigi, ruvidi, ricciuti, abbondantissimi erano arruffati sul guanciale ingiallito. Gli occhi di Marta si fermarono su le mani enormi, da maschio, che la moribonda teneva abbandonate sul lenzuolo, più sporco della camicia aperta sul seno secco, ossuto, orribile a vedere.

— Rocco.... — mormorò ancora una volta la moribonda, fissando lungamente gli occhi in volto a Marta, come assetata.

— Che dice? — domandò la Juè curva, con la veste alzata fin sopra il ginocchio, mentre si tirava sopra la gamba tozza, tosta, la calza ricaduta su la flocca del piede.

— Chiama il figlio.... — rispose Marta, riaccostandosi alla giacente, per dirle: — Verrà, non dubiti.... Ora gli scrivo che venga subito....

Ma la moribonda non comprese e ripetè con fievolissima voce, cercando con gli occhi intorno per la stanza:

— Rocco....

— Un telegramma, è vero? — disse la Juè. — Andrà Fifo al telegrafo.... Non c'è tempo da perdere. Ecco, qui nel cassetto ci dev'essere carta e l'occorrente per scrivere.... Mio Dio, che puzzo.... sente? Che è che puzza così in questa camera?

Era sul tavolino, presso la finestra, un bicchiere a metà pieno d'una mistura verdastra, esalante un pestifero odore.

— Ah, tu? — fece la Juè, additando con l'indice tozzo il bicchiere: — Adesso ti butto!

Marta accorse:

— No, che è?

— Sarà veleno, — fece donna Maria Rosa, notando l'ansia di Marta.

— Può servire....

— Che vuole che serva più, cara lei.... Ci appesterebbe tutta la notte inutilmente....

E andò a buttarlo in cucina.

Marta s'appressò al tavolino per scrivere il telegramma. Scrisse semplicemente così, quasi senza pensare: — “ Tua madre sta male. Vieni subito. MARTA „.

— Ah, lo conosce intimamente? — osservò la Juè, leggendo il telegramma. — Sono forse parenti?

Marta arrossì, confusa, e chinò più volte il capo in segno affermativo. Donna Maria Rosa notò quella confusione improvvisa e quel rossore e sospettò che ci dovesse esser sotto qualche mistero.

— E già.... paesani.... — disse. E, quasi per cancellare la domanda indiscreta, aggiunse: — Venisse subito, almeno....

Udirono picchiare alla porta.

— Ecco Fifo!

Don Fifo entrò col capo scoperto, i capelli per aria, esclamando esasperato, con larghi gesti delle braccia:

— Non era cappello, era diavolo!

— Sì, va bene.... — gli disse la moglie. — E

adesso scappa al telegrafo! Ci sono anche i vetri della finestra rotti!

Don Fifo diede un balzo indietro.

— Io? al telegrafo? adesso? Neanche se mi fanno papa!

— Sciocco! Ti dico che ci sono anche i vetri della finestra rotti! — ribattè arrabbiandosi donna Maria Rosa. — Scappa al telegrafo!

— Oh Cristo mio! — sclamò don Fifo. — Fuori ci sono tutti i diavoli dell'inferno scatenati.... Dove vuoi che vada? Debbo andare senza cappello?

— Ti metterai in capo il mio scialle....

Don Fifo guardò Marta ed aprì la bocca a un sorriso di scemo:

— Sì, lo scialle.... e faccio rider la gente....

— Chi vuoi che ti veda, a quest'ora, con questo tempo? Su, su.

E gli buttò lo scialle in capo, aggiungendo:

— Poi te n'andrai a casa, a dormire.

— Solo? — domandò don Fifo, rassettandosi in capo lo scialle.

— Hai paura?

— Paura, io? Non so che voglia dire.... Ma tu qua, io là.... niente, guarda, piuttosto, me ne starò lì in quel cantuccio.... Abbi pazienza: vado e torno.

Scappò. Tornò dopo circa mezz'ora. Marta spiava acutamente la moribonda, che s'era ancora inabissata nel letargo. La Juè, all'altro lato del letto, erta sul popputo busto, già pisolava. Don Fifo la guardò un poco, poi si rivolse a Marta e disse piano:

— Dio liberi, si mette a ronfare....

Scosse forte le braccia con le pugna chiuse, e aggiunse:

— Trema la casa!

Non aveva finito di dirlo, che donna Maria Rosa tirò il primo ronfo, spalancando la bocca. Don Fifo accorse e la chiamò, scotendola lievemente:

— Mararrò.... Mararrò....

— Ah.... che è?... che vuoi?... Hai spedito il.... Va bene....

— No.... ti dico.... — osservò timidamente Don Fifo!... Fa piano.... ecco, la malata....

— Non mi seccare, Fifo! — lo interruppe donna Maria Rosa, ricomponendosi a dormire.

Don Fifo si strinse nelle spalle e alzò gli occhi al soffitto, sospirando.

Poco dopo, dormiva anche lui, presso la moglie, che ronfava formidabilmente; e anche lui a poco a poco si mise a ronfare, ma d'un debole timido ronfolino accompagnato da un tenero sibilo del naso. Moglie e marito parevano, quella un bombardone, questi un violino con la sordina.

Marta rimase assorta nella contemplazione della moribonda: orribile immagine dell'imminente suo destino.

— Domani egli verrà, — pensava. — Mi vedrà qui; crederà che io voglia e possa accettare la sua proposta. Non ho pensato a lui, venendo; ma egli forse, quando saprà tutto, sospetterà ch'io sia venuta apposta per intenerirlo. No, no, domattina, prima ch'egli giunga, andrò via.... per non farmi vedere.... Andrò via....

Si levava da sedere; si accostava in punta di piedi alla giacente che pareva già morta; si chinava con l'orecchio su lei per accertarsi se respirava ancora, e tornava a sedere, a pensare:

— Com'è placida! E muore.... La morte è già dentro di lei, dentro il suo corpo dormente.... — Andar via? No: io non posso andar via.... debbo prima parlargli.... a ogni costo.... Col mio sacrifizio debbo ottenere ch'egli faccia il suo dovere: ajuti mia madre. Dunque, mi trovi qui, presso la sua! Gli dirò tutto.... tutto....

Il lume moriva sul tavolino lì accanto. Le ombre dei due dormenti s'ingrandivano e balzavano di tratto in tratto al singultar della fiamma, su la parete. Marta ebbe paura del bujo imminente e si alzò per svegliare la Juè.

— Il lume si spegne....

— Che fa? Ah, si spegne?... Facciamo così....

Si alzò, andò barcollando al tavolino e soffiò sul lume, soggiungendo:

— Puzza.... Non c'è petrolio.... Dov'è la mia seggiola?

— Ahi! — strillò don Fifo. — M'hai assassinato un piede!

— La mia seggiola.... Eccola! Pazienza, Fifo mio: domani sera speriamo di dormire nel nostro letto.... Tanto, sarà giorno tra poco....

Un gallo, infatti, cantò poco dopo nel silenzio funereo. Marta, involta nel bujo, tese l'orecchio. Un altro gallo rispose più lontano, all'appello; poi un terzo, ancor più lontano. Ma non appariva indizio alcuno di luce attraverso le fessure delle imposte.

Finalmente spuntò il giorno. La Juè si svegliò, stiracchiandosi e quasi nitrendo; poi domandò a Marta notizie della moribonda. Don Fifo, in un cantuccio, con la testa china sul petto, le braccia conserte, le gambe unite, miserino, restò a trâr solo, scompagnato, il timido ronfo col sibiletto in fine.

— È fredda! è fredda! — fece la Juè ancor mezzo insonnolita, con una mano su la fronte della moribonda. — Bisogna mandar subito per un prete.... Fifo! Fifo, svègliati!

Don Fifo si svegliò.

— Corri subito qui a Santa Chiara.... o questa infelice morirà senza sacramenti.... Mi senti, Fifo?

Don Fifo s'era levato in piedi e messo a svariare per la camera con gli occhi ammammolati.

— Che cerchi?

— Cerco il.... Ah! sono senza cappello, santo Dio! Avessi almeno un berrettino.... Vado così?

— Va'! va'! corri.... Non c'è tempo da perdere, — gli gridò donna Maria Rosa, e aggiunse, rivolta a Marta: — Noi intanto rassettiamo un tantino la camera: ci verrà il Signore!

Marta guardò la Juè come stordita. Il Signore? Le si affacciò subito alla mente Anna Veronica, e quasi la cercò in quella camera, e la vide quasi in sè stessa, in quel momento supremo. Inginocchiar la sua colpa e il suo pudore innanzi al perdono di Dio, come Anna aveva fatto? Ah, no! no! Poichè il Signore tra poco sarebbe venuto lì, ella, inginocchiata, lo avrebbe soltanto pregato per la salute dell'anima.

La moribonda, mentre la Juè aggiustava un po' il letto, schiuse gli occhi velati, senza sguardo. Marta osservò quegli occhi e quel volto soffuso di sovrumana serenità, quasi d'un lume siderale regnante nel mistero, in cui lo spirito di lei già era entrato: solo il corpo esausto era ancora su quel letto, ma senza percezione ormai della circostante miseria, senza dolore, senza memorie. Nessun oggetto pareva avesse più forma o scopo per quegli occhi che la morte, presente e invisibile, velava d'oblio.

Venne finalmente, inavvertito dalla morente, il Viatico. Fana Pentàgora guardò il prete con gli occhi stessi con cui aveva guardato il soffitto della camera, e nulla rispose alle domande di lui. Gli astanti si erano inginocchiati intorno al letto e mormoravan preghiere; Marta piangeva con la faccia nascosta.

Poco dopo, la funzione era finita. Marta levò la faccia lacrimosa, e si guardò intorno disillusa, quasi nauseata, come se avesse assistito ad una inconcludente, volgarissima scena. Quella, la visita del Signore? Un biondo, freddo, insulso prete goffamente parato?... Ed ella, un momento innanzi, aveva potuto pensare di buttarsi in ginocchio e invocare pietà....

— Ho paura che non arrivi a tempo.... — sospirò la Juè, alludendo al figlio della morente.

Don Fifo, dopo il Viatico, s'era allontanato dalla camera e passeggiava nella saletta, costernato, con le braccia conserte, sbuffando di tratto in tratto e aspettando che la moglie venisse ad annunziargli la morte della pigionante. Impaziente, allungava dalla soglia la faccia sparuta verso il letto, e con un cenno del capo domandava:

— Vive ancora?

Donna Maria Rosa spiegò a Marta:

— Dopo la morte di Dorò, buon'anima, quell'uomo lì non può più veder morire nessuno....

XV.

Man mano che le ore si trascinavano lentissime, cresceva l'ansia di Marta. L'aspettazione diveniva di punto in punto più angosciosa.

Finalmente, nelle prime ore del pomeriggio, arrivò Rocco Pentàgora. Si presentò ansante, quasi smarrito, su la soglia.

Parve a Marta più alto nella magrezza lasciatagli dalla malattia, durante la quale gli eran caduti i capelli, che già rispuntavano lievi, quasi aerei, finissimi e un po' ricciuti; e la fronte gli si era allargata, e schiarita la pelle, sebbene fosse tuttavia pallidissimo. Negli occhi aveva un'espressione nuova, ridente, quasi infantile.

— Marta! — esclamò, scorgendola, accorrendo a lei.

Turbata dalla vista del marito così trasfigurato e ingentilito dalla convalescenza, turbata dallo slancio appassionato, Marta, senza volerlo, lo rattenne con un cenno confidenziale di tacere, e gli additò il letto e la madre in agonia.

Subito il figlio si rivolse al letto, si curvò su la madre, chiamando:

— Mamma! mamma! Non mi senti, mamma? Guardami.... son venuto!

La moribonda aprì gli occhi e lo guardò attonita, come se non lo riconoscesse.

Egli soggiunse:

— Non mi vedi? Sono io.... son venuto.... Adesso guarirai....

La baciò piano in fronte, e si portò via con un rapido atto della mano le lagrime dagli occhi.

La madre moribonda continuò a guardarlo fisso, richiudendo di tanto in tanto, con lenta pena, le pàlpebre, come se il corpo ormai non avesse più forza da dare alcun altro segno di vita. O era un cenno ultimo, quasi lontano, dello spirito già inoltrato nella morte, quel lento moto delle pàlpebre?

Marta frenava a stento le lagrime per pudore innanzi alla Juè, che ostentava smorfiosamente il suo pianto.

Man mano però gli occhi della moribonda s'animarono, s'animarono alquanto, come se dal fondo della morte un estremo residuo di vita le tornasse a galla. Schiuse e mosse le labbra.

— Che dici? — domandò con viva ansia il figlio, curvandosi vie più su lei.

— Muojo.... — alitò la madre, quasi impercettibilmente.

— No, no.... — la confortò egli. — Se stai meglio, ora.... Ci sono qua io.... E c'è anche Marta.... Non l'hai veduta? Marta, qua.... vieni qua....

Marta andò all'altro lato del letto, e la moribonda si volse a guardarla, come prima aveva guardato il figlio.

— Eccola.... La vedi? — soggiunse egli. — Eccola Marta.... È questa.... Ti ricordi quanto ti parlai di lei, l'ultima volta?

La moribonda trasse un sospiro, a stento. Pareva non intendesse, e guardava con gli occhi invagati. Poi le ceree guance le si colorirono un po' d'una tenuissima tinta rosea, e mosse una mano sotto le coperte. Subito Marta le sollevò e pose la mano in quella di lei, che agitò l'altra, guardando il figlio. Questi seguì l'esempio di Marta e la madre allora congiunse con uno sforzo le loro due mani, traendo un altro sospiro.

— Sì, sì.... — fece, commosso, Rocco alla madre, stringendo forte la mano di Marta, che non potè più frenare le lagrime.

I due Juè guardavano sbalorditi dalla sponda del letto ora Marta ora Rocco.

Poco dopo, la moribonda richiuse gli occhi, rientrando quasi nella profondità misteriosa, ove la morte l'aspettava.

Marta ritrasse timidamente la mano dalla mano del marito.

— Riposa di nuovo, — fece sottovoce la Juè.

— Lasciamola riposare.... Senta, signora Marta, io e Fifo approfittiamo di questo momento di calma per scappare un po' a casa. Bisogna pensare a tutto. Non fo per vantarmi, ma nelle occasioni so trovarmi.... Fifo, dillo tu.... La pena c'è, si capisce; ma come si dice? sacco vuoto non si regge.... Il povero signor Rocco, dopo tante ore di ferrovia, avrà certo bisogno di qualche ristoro....

— No.... no.... io no....

— Lascino fare a me.... — lo interruppe la Juè.

— Marta piuttosto, — disse Rocco.

— Lascino fare a me! — ripetè donna Maria Rosa. — Penso io a tutto.... E penserò un pochino anche a me e quest'anima di Purgatorio.... Non abbiamo assaggiato neppur l'acqua, da stanotte. Ma, come si fa? Bisogna aver pazienza.... Arrivederli, arrivederli.... E stiano di buon'animo, eh?

I due Juè andarono via. Da un canto Marta avrebbe voluto trattenerli ancora, a viva forza, per non restar sola col marito; dall'altro, per quanta agitazione le cagionasse il pensiero dell'estrema confessione, considerandola ormai inevitabile, anelava che avvenisse al più presto.

— Oh Marta! Marta mia! — esclamò Rocco, aprendo le braccia e chiamandola a sè.

Marta si levò da sedere in preda a un tremito convulso, e gli disse:

— Di là.... di là.... No.... aspetta.... Voglio dirti subito tutto.... Vieni....

— Come? Non mi perdoni? — le chiese egli, seguendola nell'altra stanza quasi al bujo.

— Aspetta.... — ripetè Marta, senza guardarlo. — Io.... io non ho nulla da perdonarti, se tu.... S'interruppe; contrasse tutto il volto, chiudendo gli occhi, come per un interno spasimo insopportabile. Poi volse uno sguardo di cordoglio al marito, e riprese, risolutamente:

— Senti, Rocco: tu lo sapevi....

S'interruppe di nuovo, a un tratto, notando su la guancia di Rocco la lunga cicatrice rimastagli della ferita riportata nel duello con l'Alvignani. Sentì cadersi l'animo, e si strinse il volto, forte, forte, con ambo le mani.

— Perdonami! Perdonami! — insistette, supplicò egli, posandole amorosamente le mani su le braccia.

— No, Rocco! Senti: io non ti chiedo nulla per me.... — riprese Marta, scoprendo il volto. — Voglio dirti soltanto questo: Pensa che il babbo ci lasciò nella miseria: la mamma, Maria.... senza colpa.... per causa tua. Sole.... tre povere donne, in mezzo alla strada, tra la guerra infame di tutto il paese....

— Dunque non mi perdoni? Non vuoi? Vedrai, Marta, vedrai come ti compenserò.... Tua madre,

Maria, verranno con noi.... in casa nostra.... Non è già inteso? C'è bisogno di dirlo? Con noi, per sempre! Volevi dirmi questo? Via, per carità, Marta, non ritorniamo più sul passato.... Piangi? Perchè?

Marta, con la faccia di nuovo nascosta tra le mani, scoteva il capo, piangendo; e invano Rocco la stringeva a dir la ragione del pianto e del muto negare.

— Ah, per la mamma.... per Maria.... — scoppiò a dire finalmente ella, scoprendo di nuovo il volto in fiamme, inondato di lagrime. — Sentimi, Rocco....

— Ancora? — domandò egli, perplesso, confuso, afflitto.

— Sì: io ti lascio libero, completamente libero, da questa sera stessa.... Non puoi pretendere di più, da me....

— Come!

— Ti lascio, sì.... ti lascio la via libera, perchè tu possa fare quello che devi verso mia madre, verso mia sorella, da uomo onesto.... Non chiedo nulla per me! Intendimi.... intendimi....

— Non t'intendo! Che vuoi da me? Mi lasci libero? Io non ti capisco.... Ma comanda, farò tutto quello che vorrai.... Non piangere! Dovrei piangere io.... Perdonami a qualsiasi patto: accetto tutto, purchè mi perdoni....

— Oh Dio! Ora no, Rocco! ora no.... Prima, prima dovevi chiedermi perdono, con codesta voce, e non te l'avrei negato.... Ora no, non posso accordare più nulla, io!

— Perchè?

— Debbo morire. Sì.... E morrò. Ma.... Dio.... Dio! Se non ho potuto difendermi.... e la rabbia mi è rimasta nel cuore.... Che sono io ora? Mi vedi? Che sono?.... Sono ciò che la gente, per causa tua, m'ha creduta e mi crede ancora e sempre mi crederebbe, anche se io accettassi ora il tuo pentimento. È troppo tardi: lo intendi? Sono perduta! Vedi che n'hai fatto di me? Ero sola.... mi avete perseguitata.... ero sola e senza ajuto.... Ora sono perduta!

Egli restò a guardarla attonito, quasi temendo di comprendere, d'aver compreso:

— Marta! E come.... tu.... Ah, Dio!... Tu....

Ella piegò il volto tra le mani, e chinò ripetutamente il capo, tra i singhiozzi.

Rocco le afferrò allora le braccia per staccarle le mani dal volto, e la scosse, ancora stupito, ancor quasi incredulo:

— Tu dunque.... dunque, dopo.... con lui? Parla! Spiègati! Ah, dunque è vero? è vero? Parla! Guardami in faccia! Quel miserabile.... Non dici nulla? Ah miserabile, — proruppe allora. — È vero! E io ho potuto credere.... e io sono venuto qua, a chiedere perdono.... E ora.... di', fors'anche prima.... di', con lui?

— No! — gridò Marta, infiammata di sdegno. — Non lo intendi che tu, tu stesso, con le tue mani, e tutti, tutti con te, m'avete ridotta fino al punto d'accettare ajuto da lui; avete fatto in modo che da lui soltanto venisse alla vita mia, tra le amarezze e le ingiustizie, una parola di conforto, un atto di giustizia? Ah tu no, tu solo non puoi rinfacciarmi nulla! So bene quel che mi resta da fare: sono caduta sotto la guerra vostra, non m'importa! non si parli più di me! Ma tu, tu fa pure quello che devi: ripara! Tu sai che per causa tua, mia madre e mia sorella sono ridotte a vivere di me soltanto. Chi resterà per loro? Come vivranno? Voglio prima saper questo.... Per questo t'ho confessato tutto.... Potevo tacere, ingannarti.... Siimi almeno grata di questo.... e in compenso, ajuta.... ajuta la mia famiglia, perchè non io, ma tu, tu l'hai ridotta nello stato in cui ora si trova!

Rocco si era seduto, e coi gomiti su i ginocchi e la faccia tra le mani ripeteva piano, tra sè, senza espressione, come se il cervello non gli reggesse più:

— Miserabile.... miserabile....

Nel silenzio momentaneamente sopravvenuto, Marta colse dalla camera attigua come un rantolo cupo, profondo, e uscì dalla stanza per accorrere al letto della moribonda.

Egli la seguì e là, affatto dimentico della madre morente sotto gli occhi suoi, domandò furibondo:

— Dimmi, dimmi tutto! Voglio saperlo.... voglio saper tutto! Dimmelo....

— No! — rispose Marta con ferma fierezza. — Se debbo morire.

E si chinò a rassettare i guanciali sotto il capo della giacente, che seguitava a mandare, dalla profondità del coma in cui era caduta, il sordo rantolo mortale.

— Morire? — domandò egli con scherno. — E perchè? perchè non vai da lui? T'ha ajutata? continui ad ajutarti....

Marta non rispose all'amaro oltraggio; chiuse soltanto gli occhi lentamente, poi terse con un fazzoletto il sudor ghiaccio dalla fronte della moribonda.

Rocco seguitò:

— Ecco una via per te! Vattene a Roma! Perchè morire?

— Oh Rocco!... — fece Marta. — Tua madre è ancora qui.... Fallo per lei....

Egli tacque, impallidì, contemplando la madre. L'idea della morte, manifestata da Marta, assunse allora, subito, dentro di lui una terribile immagine: Marta e la madre gli apparvero come legate dal nodo d'un comune destino. Il sarcasmo straziante gli cadde dalle labbra; uscì dalla camera, premendosi le tempie con ambo le mani.

Era già quasi sera. Marta guardò macchinalmente nell'ombra sopravvenuta il lume vuoto sul tavolino: chi poteva pensare che l'agonia si sarebbe protratta fino a tanto? Sedette presso la sponda del letto con gli occhi intenti nell'ombra sul volto dell'agonizzante, quasi aspettando dal proposito a lungo meditato e maturatosi in lei sordamente la spinta per alzarsi e andarsene. Più del rantolo della moribonda sentiva il suono cadenzato dei passi del marito nell'altra stanza, e aspettava, come se il suono di quei passi le indicasse la traccia dei pensieri di lui. Intuiva, sentiva, che in quel momento egli risaliva angosciosamente col pensiero agli anni passati, assalito in quel bujo dalle memorie e dai rimorsi.... Ah, i rimorsi erano per tutti: per due soltanto, no: Maria e la madre. E Marta aspettava dal marito giustizia per esse: non aspettava altro, seguendo con gli orecchi i passi di lui.

A un tratto, silenzio, nell'altra stanza. Aveva egli deciso? Marta sorse in piedi e cercò tentoni lo scialle; trovatolo, stava per farsi su la soglia a chiamarlo, quando udì picchiare alla porta. Erano i due Juè di ritorno, seguiti da un guattero con una cesta di vivande.

— Oh, al bujo? — esclamò donna Maria Rosa, entrando. — Ho portato la candela.... Scusino.... oh, dov'è il signor Rocco?... Fifo, accendi!

Don Fifo accese la candela e apparve nella camera, tutto smarrito, col lungo involto di quattro torce mortuarie tra le braccia.

Marta s'era curvata sul letto a spiare il volto della morente.

— Come va? come va? — domandò forte la Juè.

Marta, impaurita da un gorgoglio lungo, strano, raschioso nella gola della moribonda, levò la faccia sconvolta, guardò perplessa la Juè, poi risolutamente si recò fino alla soglia dell'altra stanza, e chiamò nel bujo:

— Vieni.... vieni.... muore....

Rocco accorse e tutti e due si chinarono sul letto.

Don Fifo uscì dalla camera in punta di piedi, con l'involto delle torce, chiamandosi dietro con un cenno della mano il guattero.

Rocco levò gli occhi dal volto della madre a quello di Marta, vicino al suo, e stette un po' a guatarla, prima con le ciglia aggrottate, poi attonito, quasi istupidito. Ella teneva tra le sue una mano della morente, su cui stava protesa, come se volesse infonderle l'alito suo.

A un tratto la Juè disse piano, impallidendo:

— Venga, signor Pentàgora....

— È morta? — domandò Rocco, vedendo Marta lasciar la mano della madre e rialzarsi sul busto. E chiamò forte, con voce convulsa: — Mamma! Oh mamma! Mamma mia! — gridò poi, rompendo in singhiozzi e chinando il volto sul guanciale, accanto al volto della morta.

— Fifo, Fifo, — chiamò la Juè. — Su, Fifo: portalo con te.... con te, di là.... Coraggio, figliuolo mio.... Ha ragione.... ha ragione.... Venga.... Vada con Fifo....

E con l'ajuto del marito riuscì a strappare Rocco dal corpo esanime della madre. Don Fifo lo condusse seco nell'altra stanza.

— Ho pensato a tutto.... — disse sotto voce la Juè a Marta, appena rimaste sole. — Non poteva durare, me l'aspettavo.... Ho comperato quattro belle torce.... Prima la lasciamo rassettare; poi la vestiremo....

Marta non staccava gli occhi sbarrati dal volto del cadavere, senza cogliere alcuna parola delle tante e tante che la Juè le diceva, e che forse don Fifo, nell'altra stanza, ripeteva a Rocco.

— Si scosti un po'.... Adesso la vestiamo.

Marta si scostò dal letto, macchinalmente. E la Juè, mentre vestiva la morta, sotto gli occhi di Marta tremante di ribrezzo, non cessò di parlar velatamente delle spese fatte, senza dimenticare nulla, nè le medicine, nè il medico, nè i vetri rotti della finestra, nè la cena, nè le torce, nè la pigione non pagata dalla defunta, affinchè Marta poi riferisse tutto al figlio. Terminata la vestizione, coprì con un lenzuolo il cadavere e accese ai quattro angoli del letto le torce.

— Ecco fatto, — poi disse. — Tutto pulito! Non fo per vantarmi, ma....

E sedette accanto a Marta, ad ammirar l'opera sua.

Passarono così parecchie ore. In quella camera le quattro torce soltanto pareva vivessero, struggendosi a lento. Di tratto in tratto, donna Maria Rosa s'alzava, staccava i gocciolotti dal fusto e ne nutriva le fiammelle.

Finalmente don Fifo si presentò su la soglia e fece alla moglie un cenno, che Marta non vide. La Juè rispose al cenno del marito, e poco dopo disse piano a Marta:

— Noi ora ce n'andiamo. Le lascio qui sul tavolino questo pajo di forbici per smoccolare le torce di tanto in tanto.... Se non le smoccola, badi, le torce scoppiano e il lenzuolo può prender fuoco.... Mi raccomando. E a rivederla. Ritorneremo domattina....

— Dica, la prego, alla mamma di non venire.... — le disse Marta, come trasognata. — Le dica che restiamo qui noi, io e il figlio.... dica così, a vegliar la morta.... e che stieno tranquille.... e.... che io le saluto....

— Sarà servita, non dubiti. Oh, senta.... se per caso, più tardi, il signor Rocco.... e anche lei.... la cesta è qui, nella saletta.... dico, se per caso.... Io non ho affatto appetito. Mi creda, signora mia: ho come una pietra qui, su la bocca dello stomaco. Sono molto sensibile.... Basta, la saluto. Chiamo adagino adagino Fifo e ce ne andiamo. Coraggio, e la saluto.

Rimasta sola, Marta tese l'orecchio per ascoltare che cosa il marito facesse nell'altra stanza. Piangeva egli forse in silenzio? o pensava?

“Non gl'importa più nulla di me.... — disse tra sè Marta. — Non gli nasce neppur la curiosità di sapere se io sia o no andata via.... Eppure sa dove debbo andare.... Ora andrò.... Gli ho detto tutto.... Solo del figlio, no. Ma il figlio è mio.... mio soltanto.... com'era mio soltanto quell'altro che mi morì per lui.... Ah, se io l'avessi avuto!.... ”

Volse gli occhi al letto, su cui le quattro torce aduggiavano la giallezza del caldo lume. Alcune rigide pieghe del lenzuolo accusavano il cadavere nella pesante immobilità.

Paurosamente, con una mano, Marta scoprì il volto della defunta già trasfigurato; cadde in ginocchio accanto al letto e sciolse l'enorme cordoglio in uno sgorgo infinito di lagrime, costringendosi con una mano su la bocca a non gridare, a non urlare.

Stette così a piangere, finchè Rocco non venne dall'attigua stanza; allora ella sorse in piedi con lo scialle sotto il braccio, la faccia tra le mani, e si mosse per uscire.

Egli la trattenne per un braccio, e le domandò con voce cupa:

— Dove vai?

Marta non rispose.

— Dimmi dove vai? — ridomandò egli e, indeciso, stese l'altra mano e l'afferrò per le due braccia.

Allora Marta scoprì appena il volto:

— Vado.... Non lo so.... Ti raccomando....

Egli non la lasciò proseguire: in un impeto, quasi di paura, accostò il volto al volto di lei, e proruppe in lagrime, abbracciandola:

— No, Marta! No! No! Non mi lasciar solo! Marta! Marta! Marta mia!

Ella tentò di scostarsi con le braccia; trasse indietro il capo; ma non riuscì a sciogliersi dall'abbraccio e tremò, così stretta da lui.

— Rocco, no, è impossibile.... Lasciami.... È impossibile....

— Perchè?... Perchè? — chiese egli, tenendola sempre a sè, più stretta, e baciandola perdutamente. — Perchè, Marta? Perchè me l'hai detto?

— Lasciami.... No.... Lasciami.... Non mi hai voluta.... — seguitò Marta, soffocata dalla commozione, nell'ardente amplesso: — Non mi hai voluta più.

— Ti voglio! ti voglio! — gridò lui, esasperato, accecato dalla passione.

— No.... lasciami.... — scongiurò Marta, schermendosi, già quasi abbandonata di forze. — Fammi andar via.... te ne supplico....

— Marta, dimentico tutto! e tu pure, dimentica! Sei mia! Sei mia! Non mi vuoi più bene?

— Non è questo, no! — gemette ella, affogata dall'angoscia. — Ma non è più possibile, credimi, non è più possibile!

— Perchè? Lo ameresti ancora? — gridò egli, fieramente, sciogliendola dall'abbraccio.

— No, Rocco, no! Non l'ho mai amato, ti giuro! mai! mai!

E ruppe in singhiozzi irrefrenabili, sentì mancarsi, e s'abbandonò fra le braccia di lui, che istintivamente si tesero di nuovo a sorreggerla. Fiaccato dal cordoglio, a quel peso, egli fu quasi per cadere con lei: la sostenne con uno sforzo quasi rabbioso, nella tremenda esasperazione: strinse i denti, contrasse tutto il volto e scosse il capo disperatamente. In quest'atto, gli occhi gli andarono sul volto scoperto della ma dre sul letto funebre, tra i quattro ceri. Come se la morta si fosse affacciata a guardare.

Vincendo il ribrezzo che il corpo della moglie pur tanto desiderato gl'incuteva, egli se la strinse forte al petto di nuovo e, con gli occhi fissi sul cadavere, balbettò, preso di paura:

— Guarda.... guarda mia madre.... Perdono, perdono.... Rimani qui, rimani.... Vegliamola insieme.....

FINE.

ROMANZI ITALIANI

EDIZIONI TREVES.

*I volumi segnati con * sono in corso di ristampa.*

Adolfo **Albertazzi.**

Ora e sempre . . . . L. 1 —
Novelle umoristiche . . 1 —
In faccia al destino . . 3 50
Il zucchetto rosso. . . 3 50
Il diavolo nell'ampolla . *3 —

Riccardo **Alt.**

O uccidere, o morire. . 1 —

Ciro **Alvi.**

Gloria di re. . . . . . 1 —

Guglielmo **Anastasi.**

Eldorado . . . . 1 —
La rivale. . . . . . . 1 —
La vittoria; La sconfitta. 1 —

Diego **Angeli.**

L'orda d'oro. 3 50
Centocelle 3 50
Il crepuscolo degli Dei . 3 50
Il Confessionale . . . 3 —

Luigi **Archinti.**

Il lascito del Comunardo. 1 —

Massimo **d'Azeglio.**

Niccolò De Lapi. 2 vol. . 2 —
Ettore Fieramosca . . . 1 —

A. G. **Barrili.**

Capitan Dodèro . . . . 1 —
Santa Cecilia . . . . . 1 —
*Il libro nero . . . . 2 —
I Rossi e i Neri. 2 vol. 2 —
Confess. di Fra Gualberto. 1 —
Val d'Olivi . . . . . . 1 —
Semiramide . . . . . . 1 —
Notte del commendatore. 1 —
Castel Gavone . . . . . 1 —
Come un sogno . . . . 1 —
Cuor di ferro e Cuor d'oro,
2 volumi . . . . . 2 —
Tizio Caio Sempronio L. 1 —
L'Olmo e l'Edera . . . 1 —
Diana degli Embriaci . . 3 —
Il merlo bianco . . . . 1 —
— Ediz. in-8 illustr. . 5 —
La donna di picche . . 1 —
Conquista d'Alessandro . 1 —
Il tesoro di Golconda . . 1 —
L'XI comandamento . . 1 —
Il ritratto del diavolo . 1 —
Il Biancospino . . . . 1 —
L'anello di Salomone. . 1 —
O tutto o nulla . . . . 1 —
Amori alla macchia . . 3 50
Monsù Tomè . . . . . 1 —
Fior di mughetto. . . 1 —
Dalla rupe . . . . . . 1 —
Il Conte Rosso. . . . . 1 —
Lettore della Principessa. 4 —
— Ediz. in-8, illustr. . 5 —
Casa Polidori . . . . . 1 —
La Montanara. 2 vol. . 2 —
— Ediz. in-8, illustrata. 2 —
Uomini e bestie . . . . 1 —
Arrigo il Savio. . . . . 1 —
La spada di fuoco . . . 1 —
Un giudizio di Dio . . . 1 —
Il Dantino . . . . . . 1 —
La signora Àutari . . . 1 —
La sirena. . . . . . . 1 —
Scudi e corone. . . . . 1 —
Amori antichi . . . . . 1 —
Rosa di Gerico. . . . . 1 —
La bella Graziana. . . . 1 —
— Ediz. in-8, illustr. . 2 —
Le due Beatrici . . . . 1 —
Terra Vergine . . . . . 1 —
I figli del cielo . . . . 1 —

Causa il rincaro della carta e delle materie prime, i volumi di Una Lira *sono portati a* Due Lire; *per gli altri l'aumento è del* **25** %, *fatta eccezione per quelli che portano un * prima del prezzo.*

A. G. **Barrili.**

La castellana . . . L. 1 —
Il prato maledetto . . 1 —
Galatea . . . . 1 —
Fior d'oro . . . . . 1 —
Il diamante nero . . . 1 —
Raggio di Dio . . . . 1 —
Il ponte del Paradiso . 1 —
Tra cielo e terra . . . 1 —
Re di cuori . . . . . 1 —
La figlia del re . . . 1 —

I suoi tre capolavori: Capitan Dodèro. - Santa Cecilia. - Il libro nero. 2 40

Carlo Emanuele **Basile.**

La Vittoria senz'ali . . 3 50

Ambrogio **Bazzero.**

Storia di un'anima . . 4 —

Giulio **Bechi.**

I racconti d'un fantaccino. In-8, con 64 illustr. . 3 50
Lo spettro rosso . . . 3 50
Il capitano Tremalaterra. 3 50
I Seminatori . . . . . 4 —
Caccia grossa . . . . 1 —
I racconti del bivacco . 3 50

Antonio **Beltramelli.**

Anna Perenna 3 50
I primogeniti 3 50
Il cantico 3 50
L'alterna vicenda . . . 3 50
Gli uomini rossi . . . 1 —
Le Novelle della Guerra. 3 50

Silvio **Benco.**

La fiamma fredda. . . 1 —
Il castello dei desideri . 1 —

Leo **Benvenuti.**

Racconti romantici . . 1 —
Serenada, racc. sardo . 1 —

Eugenio **Bermani.**

Spunti d'anime . . . . *3 —

Vittorio **Bersezio.**

Aristocrazia. 2 vol. . . 2 —

P. **Bèttoli.**

Il processo Duranti . . 1 —
Giacomo Locampo. . . 1 —
La nipote di don Gregorio. 1 —

Maso **Bisi.**

La Sorgente. . . . . L. 3 50

Alberto **Boccardi.**

Cecilia Ferriani . . . 3 30
Il peccato di Loreta . . 1 —
L'irredenta . . . . . . 1 —

Camillo **Boito.**

Storielle vane . . . . 1 —
Senso . . . . 1 —

Virgilio **Brocchi.**

Le aquile. 3 50
La Gironda 3 50
L'Isola sonante. . . . 3 50
I sentieri della vita . . 3 50
Il labirinto 3 50
La coda del Diavolo . . 3 50
La bottega degli scandali 4 —
Mitì . . . . 5 —
Secondo il cuor mio . . 4 —
L'amore beffardo . . . 4 —

E. A. **Butti.**

L'Incantesimo . . . . 4 —
L'Automa. . . . . . . 1 —

Antonio **Caccianiga.**

Bacio della cont. Savina. 1 —
Ediz. in-8, illustr. . 2 —
Villa Ortensia . . . . 1 —
Il Roccolo di Sant'Alipio. 1 —
Sotto i ligustri. . . . 1 —
Il Convento . . . . . 1 —
Il dolce far niente . . 1 —
La famiglia Bonifazio . 1 —

Luigi **Capranica.**

Papa Sisto. 4 vol. . . . 4 —
Racconti *2 50
Re Manfredi. 3 vol. . . 3 —
Giovanni Bande Nere. 2 v. 2 —
*Fra Paolo Sarpi. 2 vol. . 2 —
*La congiura di Brescia. 2 —

Giulio **Caprin.**

Gli animali alla guerra. 3 —

Luigi **Capuana.**

March. di Roccaverdina. 4 —
Rassegnazione 3 50
Passa l'amore 3 50
La voluttà di creare. . 3 50

Enrico **Castelnuovo.**

Nella lotta. In-8, illustr. 4 —
Due convinzioni . . . . 4 —
P.P.C. Ultime novelle . 3 50
I Moncalvo 3 50
L'on. Paolo Leonforte . 2 —
Dal 1.° piano alla soffitta. 2 —

Moisè **Cecconi.**

Il primo bacio . . . . . 1 —
Il taccuino perduto . . 3 50
Racconti pei convalescenti 2 50

Giovanni **Chiggiato.**

Il figlio Vostro. . . . . 4 —

Domenico **Ciàmpoli.**

Diana . . . . 4 —

Guelfo **Civinini.**

La stella confidente. . *3 —

R. P. **Civinini.**

Gente di palude 3 50

G. P. **Clerici.**

Il più lungo scandalo del secolo XIX. 2 v. con illustr. 2 —

Luigia **Codèmo.**

La rivoluzione in casa . 2 —

Cordelia.

Dopo le nozze . . . . . 3 —
Vita intima. . . . . . 1 —
Racconti di Natale, ill. 3 —
Casa altrui . . . . . . 1 —
Catene. . . . . 1 —
Per la gloria 3 50
Il mio delitto . . . . . 1 —
Per vendetta . . . . . 1 —
Verso il mistero 3 50
L'incomprensibile . . . 1 —
Le donne che lavorano . 3 —

Enrico **Corradini.**

La patria lontana. . . 3 50
La guerra lontana . . . 3 50

Carlo **Dadone.**

La forbice di legno . . 1 —
La casa delle chiacchiere. 1 —
Come presi moglie . . 3 —

Lucio **d'Ambra.**

Il Re, le Torri, gli Alfieri 3 50

Danieli e Manfro.

Nel dubbio 3 50

Gabriele **D'Annunzio.**

Il Piacere . . . . . L. 5 —
L'innocente . . . . . . 5 —
Trionfo della Morte . . 5 —
Il Fuoco . . . . 5 —
Le Vergini delle Rocce. *7 —
Le novelle della Pescara. 4 —
Forse che sì forse che no. 5 —
La Leda senza cigno. 3 v. 10 —

Ippolito Tito **D'Aste.**

Mercede . . . . 1 —

Edmondo **De Amicis.**

La vita militare . . . 4 —
— Edizione economica . 1 —
Alle porte d'Italia . . 3 50
Romanzo d'un maestro. 2 v. 2 —
Fra scuola e casa. . . . 4 —
La carrozza di tutti. . 4 —
Memorie 3 50
Capo d'anno. 3 50
Nel Regno del Cervino. 3 50
Pagine allegre. . . . . 4 —
Nel Regno dell'Amore . 5 —
Nuovi racconti e bozzetti. 4 —
Cinematografo cerebrale. 3 50
Gli amici. 2 vol. . . . 2 —
Ricordi infanzia e scuola. 4 —
Pagine sparse . . . . . 1 —
Ricordi del 1870-71 . . 1 —
Novelle. Ediz. di lusso . 4 —
— Edizione economica . 1 —

Grazia **Deledda.**

I giuochi della vita . . 4 —
Sino al confine. . . . 4 —
Il nostro padrone. . . 4 —
Cenere. 3 50
Anime oneste . . . . . 3 —
Il vecchio della montagna 4 —
Nel deserto . . . . . . 4 —
Colombi e sparvieri . . 4 —
Chiaroscuro . . . . . 4 —
Canne al vento. . . . 4 —
Le colpe altrui. . . . 4 —
Nostalgie. 3 50
Il fanciullo nascosto. . 3 50
Marianna Sirca. . . . 4 —
La via del male . . . 4 —
Elias Portolu . . . . 4 —
L'incendio nell'oliveto . 4 —

Gian **Della Quercia.**
Il Risveglio. . . . L. 1 —
Sul meriggio . . . . 4 —
Emilio **De Marchi.**
Il cappello del prete. . 2 —
Giacomo l'idealista . . 3 —
Storie d'ogni colore . . 3 —
Nuove storie d'ogni colore 3 —
Arabella. 2 vol. . . . 2 —
Col fuoco non si scherza. 3 50
Redivivo . . . . . . 1 —
Demetrio Pianelli. 2 vol. 2 —
Federico **De Roberto.**
Una pagina della storia dell'amore. . . . . . 1 —
La sorte . . . . . . 1 —
La messa di nozze; Un sogno; La bella morte . . . 3 50
L'albero della scienza . 3 —
Le donne, i cavalier'... In-8, con 100 incisioni . . 7 50
Salvatore **Di Giacomo.**
Novelle napolitane . . 3 50
Paola **Drigo.**
La Fortuna . . . . . 4 —
Codino. . . . . 4 —
Paulo **Fambri.**
Pazzi mezzo e serio fine. 2 —
Onorato **Fava.**
Per le vie . . . . . 1 —
La Rinunzia . . . . 1 —
Gazzella 3 50
Ugo **Fleres.**
L'anello . . . . . . 1 —
Folchetto (J. Caponi).
Novelle gaje 3 50
Ferdinando **Fontana.**
Tra gli Arabi . . . . 1 —
T. **Gallarati-Scotti.**
Storie dell'amore sacro e dell'amore profano. . . 4 —
Piero **Giacosa.**
Specchi dell'enigma . . 3 50
Il gran cimento . . . 3 —
Anteo 3 50
Cosimo **Giorgieri-Contri.**
L'amore oltre l'argine . 4 —
Adolfo de **Gislimberti.**
Il sacrificio d'un'anima . 1 —
Il mistero di Valbruna. 1 —

Guido **Gozzano.**
L'altare del passato . L.*3 —
O. **Grandi.**
Macchiette e novelle. . 1 —
Destino . . . . 1 —
Silvano . . . . 1 —
La nube . . . . 1 —
Per punto d'onore . . 3 —
— Edizione economica . 1 —
Eleonora **Grey.**
Della vita di un Pierrot 3 —
Luigi **Gualdo.**
Decadenza . . . . . . 1 —
F. D. **Guerrazzi.**
La battaglia di Benevento. Veronica Cybo. 2 vol. . 2 —
L'assedio di Firenze. 2 v. 2 —
Amalia **Guglielminetti.**
I Volti dell'Amore . . 4 —
Anime allo specchio. . 4 —
Rosalia **Gwis-Adami.**
La Vergine ardente. . 4 —
Haydée (Ida Finzi).
Faustina Bon, romanzo teatrale fantastico. . . 3 50
Jarro.
L'assassinio nel vicolo della Luna . . . . . . 1 —
Il processo Bartelloni . 1 —
Apparenze. 2 vol. . . 2 —
La duchessa di Nala. . 1 —
Mime e ballerine . . . 1 —
La moglie del Magistrato 2 —
Paolo **Lioy.**
*Chi dura vince. . . . 3 —
Giuseppe **Lipparini.**
Il filo d'Arianna . . . 1 —
Paola **Lombroso.**
La vita è buona . . . 3 50
Cesarina **Lupati.**
La Leggenda della spada. 1 —
Manetty.
Il tradimento del Capitano. 2 volumi . . . . . 2 —
Giuseppe **Mantica.**
Figurinaio. In-8, illus. . 4 —
G. **Marcotti.**
Il conte Lucio . . . . 1 —
La Giacobina. 2 volumi. 5 —
Le spie. 2 vol. . . . . 5 —

Petruccelli della Gattina.
Il sorbetto della Regina. 1 —
Memorie di Giuda. 2 vol. 2 —
Il Re prega. . . . . . 1 —
Le notti degli emigrati a Londra. . . . . . . 1 —

Luigi **Pirandello.**
Erma bifronte . . . L. 3 50
L'esclusa . . . . 1 —
La vita nuda . . . . . 4 —
Il fu Mattia Pascal . . . 4 —
Terzetti 3 50
I vecchi e i giovani. 2 v. 5 —
La trappola 3 50
Il turno; Lontano. . . 2 —
Si gira.... . . . . . 4 —
E domani, lunedì.... . . 4 —
Un cavallo nella luna .*3 —
Quand'ero matto . . . .*3 —

Carlo **Placci.**
Mondo mondano . . . 1 —
In automobile . . . . 1 —

Marco **Praga.**
La Biondina. . . . . 1 —

Mario **Pratesi.**
Le perfidie del caso . . 1 —

Carola **Prosperi.**
La Nemica dei Sogni . 4 —
L'Estranea . . . . . . 4 —
Vocazioni . . . . . .*3 —

Egisto **Roggero.**
Le ombre del passato . 1 —
Komokokis. In-8, illus. . 3 —
I racconti della mia Riviera . . . .*3 —

Gerolamo **Rovetta.**
*Sott'acqua 3 50
Il primo amante . . . 3 50
*Novelle . . . . 1 —
*Il processo Montegù. . 1 —

Ferdinando **Russo.**
Memorie di un ladro. . 1 —
Il destino del Re. . . 1 —

Roberto **Sacchetti.**
Candaule . . . . 3 —

Fausto **Salvatori.**
Storie di parte nera e Storie di parte bianca. . . 3 50

Baron. di **S. Maria** (*Fides*).
Vittoriosa! 3 50
Vie opposte 3 50

Rosso di **San Secondo.**
Ponentino . . . . . L. 4 —
La fuga . . . . 4 —
La morsa. . . . . . . 4 —
Io commemoro Loletta .*3 —

Francesco **Sapori.**
La Trincea . . . . . . 4 —
Terrerosse . . . . . . 4 —

G. A. **Sartorio.**
Romæ Carrus Navalis . 1 —
Tre novelle a Perditn . 4 —

Augusto **Schippisi.**
La colpa soave. . . . 4 —

Isabella **Scopoli-Biasi.**
L'erede dei Villamari . 1 —

Matilde **Serao.**
Suor Giovanna della Croce 4 —
La Ballerina 3 50
Ella non rispose . . . 4 —
La vita è così lunga! .*3 —

Serra-Greci.
Adelgisa . . . . 1 —
La fidanzata di Palermo. 1 —

Sfinge.
Dopo la vittoria . . . . 1 —
La costola di Adamo. . 4 —
Il castigamatti. . . . .*3 —

Valentino **Soldani.**
Viva l'Angiolo! . . . . 1 —

Flavia **Steno.**
L'ultimo sogno. . . . . 1 —
Il pallone fantasma . . 1 —
Così, la vita! . . . . . 1 —
Fra cielo e mare . . . 1 —
La veste d'amianto . . 1 —
La nuova Eva . . . . . 1 —
Il gioiello sinistro . . 1 —
Il sogno che uccide . . 1 —
Il miraggio . . . . . . 1 —
Oltre l'odio . . . . . . 1 —

Térésah (Teresa Ubertis).
Il corpo e l'ombra . . 4 —
Il salotto verde . . . 3 50
La casa al sole. . . . 4 —

Federigo **Tozzi.**

Bestie . . . . L. 4 —
Con gli occhi chiusi . . 4 —

I. **Trebla.**

Volontario d'un anno. - Sottotenente di complem. . 3 —

Alessandro **Varaldo.**

Un fanciullo alla guerra . 4 —
Le avventure . . . . *3 —

L. A. **Vassallo.**

La signora Cagliostro . 2 —
Guerra in tempo di bagni. *3 —
La famiglia De-Tappetti. 2 50
Uomini che ho conosciuto. 3 50
Dodici monologhi . . . 2 50
Ciarle e macchiette . . 3 50
Il pupazzetto tedesco . 2 —
Il pupazzetto spagnolo . 2 —
Il pupazzetto francese . 2 —
Diana ricattatrice. . . 2 50

Giovanni **Verga.**

Storia di una capinera. 3 —
— Edizione economica . 1 —
Eva. . . . . 2 —
Cavalleria rusticana . . 4 —
— Ediz. in-8, illustr. . 9 —
Novelle . . . . 1 —
Per le vie . . . . . . 1 —
Il marito di Elena . . 1 —
Eros . . . . 1 —
Tigre reale . . . . . . 1 —
Mastro-don Gesualdo. . 3 50
Ricordi del capit. d'Arce. 1 —
I Malavoglia 3 50
Don Candeloro e C. . . 1 —
Vagabondaggio. . . . . 3 —
Dal tuo al mio. . . . 3 50

G. **Visconti-Venosta.**

Il curato d'Orobio. . L. 4 —
Nuovi racconti 3 50

Mario **Vugliano.**

Gli allegri compari di Borgodrolo. Con disegni . . 1 —

Anita **Zappa.**

La Notte, racc. del 1915. 5 —

Remigio **Zena.**

La bocca del lupo . . 1 —
L'apostolo 3 50

Luciano **Zùccoli.**

La Compagnia della Leggera . . . . 4 —
L'amore di Loredana. . 3 50
Farfui . . . . *5 —
Ufficiali, sott'ufficiali, caporali e soldati.... . . . . 3 50
Il Designato. 3 20
Donne e Fanciulle . . 3 50
I lussuriosi . . . . . 3 —
Romanzi brevi . . . . 4 —
Primavera . . . . . . 4 —
La freccia nel fianco . . 3 50
L'Occhio del Fanciullo . 4 —
La vita ironica . . . *5 —
Novelle prima della guerra 3 50
La volpe di Sparta . . 3 50
Roberta . . . . 4 —
Il maleficio occulto . . 3 50
Per la sua bocca . . . 4 —
Baruffa . . . . 4 —

ROMANZI STRANIERI

EDIZIONI TREVES.

I volumi segnati con ★ sono in corso di ristampa.

FRANCESI.

Amedeo **Achard.**

Giorgio Bonaspada. 2 v. L. 2 —

Matthey **Arnould.**

★Lo Stagno delle suore grigie. 2 volumi . . . . . 2 —
Giovanni senza nome. 2 v. 2 —
Gli amanti di Parigi. 2 v. 2 —
La rivincita di Clodoveo. 1 —
★La Brasiliana . . . . 1 —
La bella Nantese . . . 1 —
La figlia del giudice d'istruzione. 2 volumi . . . 2 —
Zoè. 2 volumi . . . . 2 —
Un punto nero. . . . 1 —
Un genero . . . . . 1 —
★La bella Giulia . . . . 1 —
★La vergine vedova . . 1 —
Dieci milioni di eredità. 1 —
La figlia del pazzo . . . 1 —
Castello della Croix-Pater. 1 —
★Zaira . . . . 1 —
L'impiccato della Baumette. 2 volumi . . . . . 2 —

Arnould e **Fournier.**

Il Figlio dello Czar . . 1 —
L'erede del trono . . . 1 —

Balzac.

Memorie di due giovani spose . . . . . . 1 —
Piccole miserie della vita coniugale. . . . . . 1 —
Papà Goriot. . . . . 1 —
Eugenia Grandet . . . 1 —
Cesare Birottò . . . . 1 —
I celibi:
I. Pierina . . . . 1 —
II. Casa di scapolo . 1 —
I parenti poveri:
I. La cugina Betta. L. 1 —
II. Il cugino Pons. . 1 —

Balzac.

Illusioni perdute:
I. I due poeti; Un grand'uomo di provincia a Parigi . . . . L. 1 —
II. Un grand'uomo di provincia a Parigi; Eva e David . . . . . 1 —
Splendori e miserie delle cortigiane. . . . . . . 1 —
Giovanna la pallida . . 1 —
L'ultima incarnazione di Vautrin . . . . 1 —
Il deputato d'Arcis . . 1 —
L'Israelita . . . . . 1 —
Orsola Mirouet. . . . 1 —
Il figlio maledetto. - Gambara. - Massimilla Doni . . 1 —

Adolfo **Belot.**

Due donne . . . . . . 1 —

Alessandro **Bérard.**

Cypris; Marcella . . . 1 —

Elia **Berthet.**

La tabaccaia . . . . . 1 —
Il delitto di Pierrefitte. 1 —

Fortunato **Boisgobey.**

L'avvelenatore . . . . 1 —
La canaglia di Parigi . 1 —
L'orologio di Rosina. . 1 —
La casa maledetta . . 1 —
Il delitto al teatro dell'Opéra. 2 volumi . . . . . 2 —
Maria . . . . 1 —
Albergo della nobile Rosa. 1 —
Cuor leggero. 2 volumi. 2 —
Il segreto della cameriera. 1 —
La decapitata . . . . 1 —
La vecchiaia del signor Lecoq. 2 volumi . . . . . 2 —

Paolo **Bourget.**

Un delitto d'amore . L. 1 —
Andrea Cornelis . . . 1 —
— Ediz. in-8 illustr. . 1 —
Enimma crudele . . . 1 —
— Ediz. in-8 illustr. . 1 —
Menzogne. . . . . . 1 —
L'irreparabile . . . . 1 —
Il discepolo . . . . . 1 —
Il fantasma . . . . . 1 —
La Duchessa Azzurra . *4 —

Alessio **Bouvier.**

Madamigella Olimpia . 1 —
Il signor Trumeau . . 1 —
Discordia coniugale . . 1 —

Busnach e **Chabrillat.**

La figlia di Lecoq . . 1 —

Alfredo **Capus.**

Robinson . . . . 3 —

Enrico **Chavette.**

Quondam Bricheti. . . 1 —
*La stanza del delitto . 1 —
In cerca d'un perchè . 1 —
Un notaio in fuga . . 1 —

Vittorio **Cherbuliez.**

Miss Rovel . . . . . . 1 —
L'avventura di L. Bolski. 1 —
Samuele Brohl e comp. 1 —
L'idea di G. Testaroli . 1 —
Fattoria della cornacchia. 1 —

Giulio **Claretie.**

Il milione . . . . . . 1 —
S. E. il Ministro . . . 1 —
*Laura la saltatrice . . 1 —
*La casa vuota . . . . 1 —
*L'amante . . . . . . 1 —
Roberto Burat . . . . 1 —
La commediante. 2 vol. 2 —
I Moscardini. 2 vol. . . 2 —
La fuggitiva . . . . . 1 —
Michele Berthier . . . 1 —
Troppo bello! (Puyjoli). 1 —
Il 9 termidoro . . . . 1 —
Maddalena Bertin. . . 1 —
Noris . . . . 1 —
Il bel Solignac. 2 vol. . 2 —

Beniamino **Constant.**

Adolfo . . . . 1 —

Alfonso **Daudet.**

*Ditta Fromont e Risler L. 1 —
*I re in esilio . . . . . 1 —
— Ediz. in-8 illustr. . 2 —
Numa Roumestan. . . 1 —
Novelle del lunedì . . 1 —
*L'Evangelista . . . . 1 —
— Ediz. in-8 illustr. . 2 —

Pietro **De Coulevain.**

Su la frasca. . . . . . 1 —

Delpit.

Il figlio di Coralia . . 1 —
Teresina . . . . 1 —
Il padre di Marziale. . 1 —
Appassionatamente. . . 1 —

G. **De Lys.**

Duplice mistero . . . 1 —

F. **De Nion.**

Giovanna e Giovanni. . 1 —

L. **De Robert.**

Il romanzo del malato . *4 —

Melchiorre **De Vogüé.**

Giovanni d'Agrève . . 1 —

Gustavo **Droz.**

Attorno una sorgente . 1 —
*Marito, moglie e bebè . 1 —

Alessandro **Dumas** (figlio).

*Teresa; L'uomo-donna . 1 —

Erckmann e **Chatrian.**

L'amico Fritz . . . . . 1 —
*I Rantzau . . . . . . 1 —
La casa del guardaboschi. 1 —

Ottavio **Feuillet.**

Il signor di Camors . . 1 —
*La vedova. Il viaggiatore. 1 —
Storia di Sibilla . . . 1 —
Un matrimonio nell'alta società. . . . . . . 1 —
Giulia di Trecœur . . 1 —

Paolo **Féval.**

La regina delle spade . 1 —

Gustavo **Flaubert.**

Madame Bovary . . . 1 —

Anatole **France.**

*Taïde . . . . 1 —
Il delitto di Silvestro Bonnard. . . . . 1 —

Emilio **Gaboriau.**
Il signor Lecoq. 3 vol. . 3 —
La cartella 113 . . . 1 —
Il processo Lerouge . . 1 —
La vita infernale. 2 vol. 2 —
*Il misfatto d'Orcival. . 1 —
Gli amori d'una avvelenatrice. . . . . 1 —

Edmondo de **Goncourt.**
Maria Antonietta . . . . 1 —
La Faustin . . . . . . 1 —
Carina. . . . . 1 —
Suor Filomena . . . . 1 —

Emanuele **Gonzales.**
La strega d'amore. 2 vol. 2 —
La principessa russa. . 1 —
Le due favorite. 2 vol. 2 —
Il vendicatore del marito. 1 —

E. **Gréville.**
Niania. . . . . 1 —
Clairefontaine . . . . 1 —
Maritiamo la figlia . . 1 —
Amore che uccide. . . . 1 —
Il voto di Nadia . . . 1 —
Nikanor . . . . 1 —
Perduta . . . . 1 —
Un violinista russo . . 1 —
Dosia . . . . 1 —
Il romanzo d'un padre . 1 —
La via dolorosa di Raissa. 1 —
La principessa Ogherof. 1 —
Sonia . . . . 1 —
Ariadna . . . . 1 —

Halévy.
*L'abate Constantin. . . 1 —
Grillina (Criquette) . . 1 —

Paolo **Hervieu.**
Lo sconosciuto . . . . 1 —
L'Alpe omicida. . . . 1 —

Arsenio **Houssaye.**
Diane e Veneri . . . . 1 —

Vittor **Hugo.**
Nostra Donna di Parigi o Esmeralda. Con 72 incis. 3 50
Han d'Islanda. Illustrato. 2 50
Bug-Jargal. Con 36 inc. 2 50

Enrico **Lavedan.**
I bei tempi . . . . . *4 —

Hugues **Le Roux.**
Il Padrone dell'ora . . 1 —

Pierre **Loti.**
Mio fratello Ivo . . L. 1 —

Renato **Maizeroy.**
Piccola regina . . . . 1 —
L'adorata. . . . . . . 1 —

Camilla **Mallarmé.**
Come fa l'onda. . . . . *4 —

Ettore **Malot.**
Il dottor Claudio. 2 vol. 2 —
Un buon affare. . . . 1 —
Il luogotenente Bonnet. 1 —
*Milioni e vergogne . . 1 —
Paolina . . . . 1 —

Paolo **Margueritte.**
*La tormenta. . . . . 1 —
Amor nel tramonto . . 1 —
La Principessa Nera. 2 v. *7 —

P. e V. **Margueritte.**
Il Prisma. . . . . . . 1 —

Florence **Marryat.**
Stirpe di vampiri. . . 1 —

Giulio **Mary.**
*Le notti di fuoco. . . 1 —
La famiglia Danglard . 1 —
L'amante del banchiere. 1 —

M. **Maryan.**
Guénola. In-8, illustr. . 1 —

Guy de **Maupassant.**
Forte come la morte. . 1 —
Bel-Ami . . . . 1 —
Una vita. . . . . . . 1 —
Il nostro cuore. . . . 1 —
Racconti e novelle . . 1 —
Casa Tellier. . . . . 1 —

Prospero **Mérimée.**
La contessa di Turgis . 1 —

Carlo **Mérouvel.**
Priva di nome. 2 vol. . 2 —
Febbre d'oro. 2 vol. . . 2 —
L'inferno di Parigi. 2 v. 2 —
L'amante del Ministro . 1 —
La signora Marchesa. . 1 —
Figlioccia della duchessa. 1 —
La vedova dai cento milioni. 2 volumi . . . . . . 2 —
Teresa Valignat . . . 1 —
Un segreto terribile . . 1 —
Pari e patta. . . . . 1 —
Fior di Corsica. . . . 1 —

Remy **Saint-Maurice.**

Gli ultimi giorni di Saint-Pierre . . . . . L. 1 —

Giorgio **Sand.**

*Mauprat . . . . 1 —

Giulio **Sandeau.**

*Madam.[a] della Seiglière. 1 —
— Edizione illustrata . 4 —
— Nuova ediz. illustr. . 2 —

Texier e **Le Senne.**

Memorie di Cenerentola. 1 —

Andrea **Theuriet.**

Elena . . . . 1 —
Un'Ondina; I dolori di Claudio Blouet . . . . . . 1 —
Amor d'autunno . . . 1 —
Sacrifizio d'amore. . . 1 —

Marcello **Tinayre.**

Hellè . . . . 1 —

Giulio **Verne.**

Il giro del mondo in ottanta giorni . . . . 1 —
— Ediz. in-8 illustr. . 2 50
*Dalla terra alla luna . 1 —
*20 000 leghe sotto i mari. 1 —
*Novelle fantastiche . . 1 —
— Ediz. in-8 illustr. . 3 —
*I figli del capitano Grant e Una città galleggiante. 2 v. 2 —
*Avvent. del cap. Hatteras. 1 —
Il faro in capo al mondo. In-8, illustrato 3 50
Il dottor Oss; I violatori di blocco. In-8, illustr. . 1 —

Vincent.

Il cugino Lorenzo. . . . 1 —

Giovanni **Wachenhusen.**

Per vil denaro. . . . L. 1 —
L'inesorabile. . . . . . 1 —

Pietro **Zaccone.**

Bianchina . . . . . . 1 —

Emilio **Zola.**

L'assommoir. 2 volumi . 2 —
— Edizione illustrata . 3 —
Il ventre di Parigi . . 1 —
— Edizione illustrata . 2 50
La fortuna dei Rougon. 1 —
La cuccagna (La Curée). 1 —
La conquista di Plassans. 1 —
Il fallo dell'abate Mouret. 1 —
S. E. Eugenio Rougon . 1 —
Una pagina d'amore. . 1 —
Teresa Raquin. . . . . 1 —
*Racconti a Ninetta . . 1 —
*Nuove storielle a Ninetta. 1 —
*Nantas ed altri racconti. 1 —
*Misteri di Marsiglia. 2 v. 2 —
Pot-Bouille (Quel che bolle in pentola). 2 volumi. . 2 —
Il voto di una morta . 1 —
Il Denaro. 2 volumi. . 2 —
La Guerra. 2 volumi . 2 —
— Edizione in-8 illus. . 4 50
La Terra. 2 volumi . . 2 —
Germinal. 2 volumi . . 2 —
Vita d'artista (L'Œuvre). 1 —
— Edizione illustrata . 4 —
Il dottor Pascal. 2 vol. 2 —
Il sogno . . . . 1 —
— Edizione illustrata . 4 50
Maddalena Ferat . . . 1 —

INGLESI E AMERICANI.

Edoardo **Bellamy.**

Nell'anno 2000. . . . 1 —

Guy **Boothby.**

Il dottor Nikola . . . 1 —

Miss **Braddon.**

Per la fama. . . . . 1 —
Verrà il giorno . . . 1 —
La zampa del diavolo. 2 v. 2 —
Asfodelo. 2 vol. . . . 2 —
Un segreto fatale. . . 1 —
Una vita, un amore . . 1 —
Fra due cognate . . . 1 —

Carlotta **Bronte.**

Jane Eyre. 2 vol. . . . 2 —

Rhoda **Broughton.**

Addio, amore . . . . . 1 —

Edoardo **Bulwer.**

La razza futura . . . 1 —

Delannoy **Burford.**

L'assassino . . . . . . 1 —

Roberto **Byr.**

La legge del taglione . 1 —

Wilkie **Collins.**

Le vesti nere. 2 vol. L. 2 —
No. 2 vol. . . . . . 2 —
Il segreto di morte . . 1 —
Il cattivo genio . . . 1 —
L'eredità di Caino . . 1 —

Ugo **Conway.**

Il segreto della neve . 1 —
Un segreto di famiglia. 1 —
Novelle. 2 vol. . . . . 2 —
Vivo o morto . . . . 1 —

Maria **Corelli.**

Vendetta . . . . . . 1 —

Francis Marion **Crawford.**

Saracinesca. 2 vol. . . 2 —
Sant'Ilario. 2 vol. . . 2 —
Don Orsino. 2 vol. . . 2 —
Corleone. 2 vol. . . . 2 —
Paolo Patoff. 2 vol. . . 2 —

Carlo **Dickens.**

*Storia d'amor sincero . 1 —
Il Circolo Pickwick. 2 v. 2 —
*Grandi speranze. 2 vol. 2 —
*Tempi difficili . . . . 1 —
Memorie di Davide Copperfield. 2 volumi . . . 2 —
— Ediz. in-8 illustr. . 3 —
*La piccola Dorrit. 3 vol. 3 —
*L'abisso . . . . — 30
Le ricette del dottor Marigold; Il mistero degli specchi 1 —

Beniamino **Disraeli.**

Alroy o il Liberatore . 1 —

Dick **Donovan.**

Caccia a fondo . . . . 1 —

Conan **Doyle.**

Il dramma di Pondichery-Lodge . . . . . . 1 —

F. **Elliot.**

Gli Italiani . . . . . 2 —

Lance **Falconer.**

Mademoiselle Ixe . . . 1 —

F. G. **Farrar.**

Tenebre e albori . . . . 1 —

Fergus Hume.

La dama errante . . . 1 —
Il 13.° commensale . . 1 —

Lady **Fullerton.**

L'Uccellino di Paradiso. 1 —

Rider **Haggard.**

Beatrice . . . . . . L. 1 —
*Jess, o Un amore nel Transvaal. . . . . 1 —
Il popolo della nebbia. 2 v. 2 —
Giovanna Haste. 2 vol. . 2 —
La fanciulla dalle perle. 1 —

Hall Caine.

Il figliuol prodigo. . . 2 —
La donna che Tu mi hai dato. 3 vol. . . . . 6 —

Hamilton-Shields.

Tre novelle di Van Dyke. 3 —

Hill **Headon.**

La storia d'un gran segreto. Con 2 incisioni . . . 1 —

M. **Hewlett.**

Gli amanti della foresta. 1 —

Silas **Hocking.**

La figlia del signorotto. In-8, illustrato . . . . . 2 —
Il cappuccio rosso. In-8, illustrato . . . . 1 —
Le avventure di un curato. In-8, illustrato . . . 3 —

Miss **Hungerford.**

Dalle tenebre alla luce. 1 —

Giorgio **James.**

L'Ugonotto. 2 volumi . 2 —

Wallace **Lewis.**

Ben Hur, racconto storico dei tempi di Cristo. 2 v. ill. 4 —

William John **Locke.**

Idoli . . . . 3 —
Stellamaris . . . . . . 3 —

E. **Marlitt.**

La Contessina Gisella . 1 —
Elisabetta dai capelli d'oro 1 —

Mayne-Reid.

La schioppettata mortale. In-8, illustrato . . . . . 3 —

Giorgio **Meredith.**

Diana de' Crossways. *4 —

L. G. **Moberly.**

Il passato che ritorna . 1 —

Miss **Mulock.**

Zio e nipote. . . . . . 1 —

F. **Oppenheim.**

Mistero di Bernard Brown 1 —
La spia misteriosa . . . 1 —

Ouida.

Affreschi. Con biografia. 1 —
*In maremma . . . . . 3 —

Rivington-Pyke.

Il viaggiatore misterioso. 1 —

M. **Roberts.**

Il segreto della marchesa. 1 —

Bianca **Roosevelt.**

La regina del rame. 2 v. 2 —

R. H. **Savage.**

Una moglie d'occasione. 1 —
Conquista d'una sposa . 1 —
Una sirena americana . 1 —

Walter **Scott.**

Ivanhoe. In-8, illustrato. 5 —
Kenilworth. In-8, illustr. 5 —
Quintino Durward. Illus. 5 —

R. L. **Stevenson.**

Rapito. . . . . 1 —
La strana avventura del dottor Jekyll. . . . . 1 —

W. M. **Thackeray.**

La fiera della vanità. 3 v. 3 —

Guy **Thorne.**

Nelle tenebre . . . . . 3 —

Mrs. Humphry **Ward.**

Miss Bretherton . . . L. 1 —

H. G. **Wells.**

Novelle straordinarie. In-8, con 11 incisioni a colori . 3 —
Nei giorni della cometa. 3 —
La visita meravigliosa . 1 —
Storia d'un uomo che digeriva male (*The history of Mr. Polly*). Con 1 incis. .*4 —
Gli amici appassionati. 2 volumi. . . . .*7 —
La signora del mare. .*4 —
Anna Veronica. . . . .*4 —
La guerra nell'aria. 2 v. 2 —
Quando il dormente si sveglierà. Con 3 incisioni.*4 —
— Edizione economica . 1 —

Guglielmo **Westall.**

Come fortuna volle . . 1 —

Miss H. **Wood.**

Nel labirinto . . . . . 1 —

E. **Yates.**

La bandiera gialla . . 1 —

TEDESCHI

Pietro **Beyerlein.**

Il cavaliere di Chamilly . 1 —

Ida **Boy-Ed.**

Serti di spine . . . . . 1 —

E. **De Kerzollo.**

Nella Montagna nera . 1 —

S. **Deval.**

Una gran dama . . . . 1 —

Giorgio **Ebers.**

Homo sum . . . . . . 1 —

Ernesto **Eckstein.**

I Claudii. . . . . . . 1 —
Cuor di madre. . . . . 1 —
Afrodite . . . . 3 —

A. **Fleming.**

Matrimonio strano. 2 v. 2 —

Alfredo **Friedmann.**

Due matrimoni. . . . . 1 —

Federico **Gerstäcker.**

Casa d'angolo . . . . . 1 —

Volfango **Goethe.**

*Le affinità elettive . . 1 —

Guglielmo **Hauff.**

La dama piumata. . . 1 —

Sofia **Junghans.**

La fanciulla americana. 1 —

R. **Labacher.**

*La scritta di sangue. . 1 —

Paul Maria **Lacroma.**

La modella; Formosa . 1 —
Deus Vicit . . . . . . 1 —

Rodolfo **Lindau.**

Roberto Ashton . . . . 1 —

Lindner.

La marchesa Irene . . 1 —

Corrado **Meyer.**

Giorgio Jenatsch . . . 1 —

Eugenio **Richter.**

Dopo la vittoria del socialismo . . . . 1 —

Ermanno **Sudermann.**
La fata del dolore . L. 1 —
L'Isola dell'Amicizia. 2 v. 2 —
Il ponte del gatto . . 1 —
Fratelli e Sorelle . . . 1 —

Berta de **Suttner.**
*Abbasso le armi! 2 vol. 2 —

Clara **Viebig.**
L'esercito dormente . . 1 —

Wagner.
Sotto la bandiera dei Boeri 1 —

E. **Werner.**
Un eroe della penna. . 1 —
San Michele. . . . . . 1 —
Il fiore della felicità. . 1 —
Fiamme . . . . 1 —

E. **Werner.**
Rejetto e redento. . L. 2 —
Via aperta . . . . . . 1 —
— Ediz. ill. con 41 dis. 2 50
Vineta. . . . . 1 —
Catene infrante . . . . 1 —
Verso l'altare . . . . . 1 —
Buona fortuna! . . . . 1 —
Fata Morgana. 2 volumi. 2 —
— Ediz. ill. da 89 incis. 3 —
A caro prezzo . . . . . 1 —
La fata delle Alpi . . . 1 —
Messaggieri di primavera. 1 —
Caccia grossa . . . . . 1 —
Rune . . . . 1 —
Il Vincitore. . . . . . . *4 —

POLACCHI E RUTENI.

Kraszewski.
Sulla Sprea . . . . . . 1 —

Sacher-Masoch.
Racconti galliziani . . 1 —

Enrico **Sienkiewicz.**
Quo Vadis? Ed. di lusso. 6 —
— Edizione cinematografica.
Illustr. da 78 quadri. 8 —

Enrico **Sienkiewicz.**
Quo Vadis? Ediz. pop. . 1 —
— Edizione in-8, illustr. 3 —
Oltre il mistero . . . 1 —
Invano. . . . . 1 —
*I Crociati. 3 volumi. . . 3 —
*Per il pane . . . . . . 1 —

Stefano **Zeromski.**
Fiume fedele . . . . . *4 —

UNGHERESI.

Maurus **Jòkai.**
Amato fino al patibolo. . 1 —

Elisa **Polko.**
Lontani! . . . . 1 —

Max **Nordau.**
Battaglia di parassiti. 2 volumi . . . . 2 —
Morganatico. 2 volumi . 2 —

SPAGNOLI.

Pio **Baroja.**
La scuola dei furbi . . 1 —

A. **De Alarçon.**
L'ultimo amore. . . . 1 —

Julio **Nombela.**
La carrozza del diavolo. 1 —

Armando **Palacio Valdés.**
Suor San Sulpizio. . . *4 —

Benedetto **Perez-Galdós.**
Donna perfetta. . . . 1 —
Marianela; Trafalgar. . 1 —

Don Juan **Valera.**
Illusioni del d.r Faustino. 1 —

ARGENTINI.

Duáyen
(Emma Li nos de la Barra).
Stella, con prefazione di Edmondo De Amicis . . 4 —

Manuel **Ugarte.**
Racconti della Pampa. . 1 —

RUSSI.

Pietro **Boborykin.**
Battaglie intime . . L. 1 —
Anton **Cecow.**
Racconti russi . . . . 1 —
Cernicevski.
Che fare? . . . . . . 1 —
Feodor **Dostojewski.**
Dal sepolcro dei vivi. . 1 —
Il delitto e il castigo. 3 v. . 3 —
Povera gente! . . . . 1 —
*I fratelli Karamazoff. 2 v. 2 —
L'idiota. 2 vol. . . . . 2 —
Principe **Galytzin.**
Il rublo . . . . . . 1 —
Senz'amore . . . . . 1 —
Il contagio . . . . . 1 —
Maxim **Gorki.**
La vita è una sciocchezza! 1 —
I coniugi Orlow . . . 1 —
W. **Korolenko.**
Il sogno di Makar . . 1 —
Demetrio **Mereshkowsky.**
*La Morte degli Dei. 2 v. 2 —
La Resurrezione degli Dei. 3 volumi . . . . . 3 —
— Edizione di lusso. . 6 —

Principessa **Olga.**
*La vita galante in Russia. 1 —
Gregor **Samarow.**
In cerca di una sposa . 1 —
Ossip Schubin.
Ali spezzate. . . . L. 1 —
Un cuore stanco . . . 1 —
Gloria Victis! . . . . 1 —
Alessio **Tolstoi.**
*Ivan il Terribile . . . 1 —
Leone **Tolstoi.**
Anna Karenine. 2 vol. . 2 —
La sonata a Kreutzer . 1 —
La guerra e la pace. 4 v. 4 —
Ultime novelle . . . . 1 —
I Cosacchi . . . . . . 1 —
Padrone e servitore . . 1 —
Che cosa è l'Arte? . . 1 —
Resurrezione. 2 volumi . 2 —
Ivan **Turghenieff.**
*Fumo; Acque primavera. 1 —
*Racconti russi . . . . 1 —
*Nidiata di gentiluomini. 1 —
Terre Vergini . . . . . 1 —
Padre e figli . . . . . 1 —

RUMENI.

Maria Th. **Jonnescu.** Un amore tragico . . . . 3 —

BELGI.

Conscience.
*Statua di legno . . . 1 —

OLANDESI.

Luigi **Couperus.**
Maestà. . . . . . . 1 —
Pace universale . . . 1 —

SCANDINAVI.

Björnstierne **Björnson.**
*Mary . . . . 1 —
Johan **Bojer.**
Potenza della Menzogna. 1 —
Un cuore ferito . . . 1 —
La coscienza (Erik Evje). 1 —
Vita . . . . *4 —

Selma **Lagerlöf.**
La leggenda di Gösta Berling. . . . . . . *4 —
La casa di Liljecrona . 1 —
Otto **Moeller.**
Oro e onore . . . . . 1 —

GIAPPONESI.

Kenjiro **Tokutomi.** Nami e Takeo . . . . 1 —

Ingram Content Group UK Ltd.
Milton Keynes UK
UKHW022232190423
420461UK00005B/135

9 781019 265338